Medieval Irish Pilgrim Paths

The Saints' Road,
Dingle Peninsula, Co. Kerry

Peter Harbison and Joss Lynam

Symbol taken from stone at Ballyvourney, Co. Cork.

An Chomhairle Oidhreachta
The Heritage Council

2002

© An Chomhairle Oidhreachta / The Heritage Council 2002

All rights reserved.
No part of this book may be printed or reproduced
or utilised in any electronic, mechanical, or other means,
now known or heretoafter invented,
including photocopying or licence permitting
restricted copying in Ireland issued by the
Irish Copyright Licencing Agency Ltd.,
The Writers Centre, 19 Parnell Square, Dublin 1.

Published by the Heritage Council

The assistance of the National Millennium Committee
is gratefully acknowledged.

Text by Peter Harbison and Joss Lynam.

Photographs by Richard Mills and Ted Creedon.

Reproduction of G.V. Du Noyer sketches
by kind permission of the Royal Irish Academy.

Maps by Barry Dalby, East-West Mapping.

Designed and Produced by B. Magee Design.

ISSN 1393 – 68 08

The Heritage Council of Ireland Series.

ISBN 1 9011 37 309

Price: €7.50

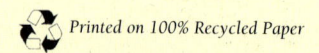

Printed on 100% Recycled Paper

CONTENTS

GENERAL WALKING INFORMATION	4
LANDKARTENFÜHRER FÜR PILGERWANDERWEGE: EINFÜHRUNG	7
CHEMINS DE PÈLERINAGE: INTRODUCTION GÉNERALE	11
USEFUL PHONE NUMBERS AND ADDRESSES	15
THE PILGRIM PATHS PROJECT	16
HISTORICAL BACKGROUND	17
KEY TO MAP SYMBOLS	20
BRIEF ROUTE MAP TEXT	22
DETAILED NOTES ABOUT PLACES TO BE VISITED OR THINGS TO BE SEEN EN ROUTE	25
GAELTACHT	34
BIBLIOGRAPHY	36
ACKNOWLEDGEMENTS	37

General Walking Information

1. Using the Map Guide

The text and maps in this guide are designed for a walker and pilgrim starting from Tráigh Fionntrá and finishing at the foot of Cnoc Bréannain (Mt Brandon).

The scale of the map is 1:50,000 (that is 5mm to 1 kilometre). All maps are oriented to the north.

Beside each map is a brief description of the section of the path shown on the map. For walking we suggest you fold back the guide at the relevant page and put it into the plastic wallet which will protect it from the weather.

Of necessity, the maps in the guide can only show a limited section of the countryside along the line of the Paths. We recommend that you take with you the Ordnance Survey 1:50,000 Discovery Series maps which will give you a more complete picture of the countryside. The relevant sheet is no. 70.

2. Following the Paths

The path is waymarked by black recycled plastic markers, recognisable by the yellow Pilgrim Symbol, with arrows showing the direction to be taken. These arrows suit the pilgrim whichever direction he/she is walking.
Where the Path joins or leaves a public road there is a brown fingerpost with the name of the Path, and the Pilgrim Symbol.
At the start and finish, and in villages along the route, there are map boards showing the whole path.

3. Safety

This Path follows quiet roads or country tracks or paths, and poses very few dangers. However pilgrims should remember that Irish weather is changeable and that even a minor injury to leg or foot maybe difficult to deal with a few kilometres away from a public road. So make sure that you wear or carry warm clothes and wind-proof/rain-proof gear. Walking boots are not needed, but stout shoes are necessary for comfort on muddy or rough paths. In the very unlikely event of an accident requiring outside help, the emergency telephone number is 999. Please note that while walking the Path you are responsible for your own safety.

4 Access

This Path is not a Right of Way apart from the stretches on public roads. Off the road it crosses private property by courtesy of the owner who may withdraw permission if users of the Path create difficulties for his/her farming or other work.

So please respect the owner's generosity by observing the following precautions:

The Farmland Code of Conduct

Farmland is private property and access is only available with the goodwill and tolerance of farmers.

Farmland is a working environment and all persons who enter do so at their own risk. Under the 1995 Occupiers' Liability Act, there is an obligation on entrants to take all necessary steps to ensure their own safety.

Entrants are also responsible for any damage to private property, livestock and crops resulting from their actions. If crossing farmland, ensure your presence is unobtrusive and does not interfere with farming activities.

- Respect farmland and the rural environment.
- Do not interfere with livestock, crops, machinery or other property.
- Guard against all risks of fire especially near forests.
- Leave all farm gates as you find them.
- Always keep children under close control and supervision.
- Avoid entering farmland containing livestock. Your presence can cause stress to livestock and even endanger your safety.
- Do not enter farmland if you have dogs with you, even if on a leash, unless with the permission of the landowner.
- Always use gates, stiles, or other recognised access points and avoid damage to fences, hedges and walls.
- Take all your litter home.
- Take special care on country roads.
- Avoid making any unnecessary noise.
- Protect wildlife, plants and trees.

- Take heed of warning signs – they are there for your protection.
- If following a recognised walking route, keep to the waymarked trail.
- Immediately report any damage caused by your actions to the farmer or landowner.
- Do not block farm entrances when parking.

If you are a member of a sporting or recreational club, please check if you have adequate insurance cover to protect both you and the property owner.

Reproduced courtesy of the IFA.

DO NOT BRING DOGS on any section of the Path which crosses farmland. It crosses fields grazed by cattle and sheep, and any dog seen chasing domestic animals is likely to be shot.

This Path is designed for pilgrims on foot. While some sections on roads or green roads are suitable, sections on paths and especially across bogland are quite unsuitable for horses or mountain bikes, which rapidly create wet, boggy, muddy morasses, that are most unpleasant for all those who follow.

Please do not walk the Path in large groups. Such groups create erosion problems and are seen as intrusive by the occupiers of the land on whose goodwill we depend. They also create problems at stiles or other bottlenecks, often leaving gates open and damaging fences.

5 Disclaimer

To the best of our knowledge the information in this map guide is correct at time of publication, but changes may take place in the route of the Path, which will normally be obvious from the waymarks.

The author, cartographer and publisher accept no responsibility whatever for any loss, damage, or inconvenience sustained or caused as a result of using this map guide, nor for any inaccuracies which there may be.

Landkartenführer für Pilgerwanderwege: Einführung

1 **So verwenden Sie den Landkartenführer**

Der Text und die Landkarten in diesem Reiseführer richten sich an Wanderer und Pilger, die ihre Wanderung am Tráigh Fionntrá beginnen und zum Fuße des cnoc Bréannain (Mt Brandon) pilgern.

Der Maßstab ist 1:50.000 (0,5 cm entsprechen 1 km). Alle Landkarten sind nördlich orientiert.

Neben den Landkarten finden Sie eine kurze Beschreibung des auf der Karte angeführten Wegabschnitts. Beim Wandern empfiehlt es sich, die Karte so zu falten, dass die benötigte Seite gezeigt wird, und sie zum Schutz gegen Regen in eine Plastikhülle zu stecken. Weitere Einzelheiten über die verschiedenen Sehenswürdigkeiten entlang des Weges finden Sie nach den Landkarten auf den Seiten 25-35.

Natürlich kann in den hier enthaltenen Landkarten nur ein begrenzter Abschnitt der Landschaft entlang der Wanderwege angeführt werden. Wir empfehlen daher, die Vermessungskarten im Maßstab 1:50.000 aus der Reihe Discovery einzupacken, die Ihnen ein vollständiges Bild der Umgebung bieten. Das passende Blatt hierfür ist Nr. 70.

2 **Am Weg bleiben**

Der Wanderpfad ist durch Wegschilder aus schwarzem, wiederverwertetem Plastik gekennzeichnet, die ein gelbes Pilgersymbol und Pfeile in die jeweilige Wegrichtung aufweisen.
Beim Verlassen der Landstraßen finden Sie ein braunes Schild in Form eines Fingers, auf dem der Name des Wanderwegs und das Pilgersymbol angebracht sind.

3 **Sicherheit**

Der Wanderweg führt Sie über verkehrsarme und ruhige Landstraßen und Wege, die nur wenige Gefahren in sich bergen. Als Pilger sollten sie jedoch nicht vergessen, dass sich das Wetter schnell ändert und auch geringfügige Verletzungen am Bein zu einem Problem werden können, wenn Sie sich einige

Kilometer von befahrenen Straße befinden. Packen Sie also unbedingt warme Kleidung ein und vergessen Sie nicht wetterfeste Kleidung zum Schutz gegen Regen und Wind. Wanderstiefel sind nicht erforderlich, aber festes Schuhwerk hilft Ihnen beim Meistern unwegiger oder matschiger Pfade. Im unwahrscheinlichen Falle eines Notfalls rufen Sie die Nummer 999. Bedenken Sie bitte, dass Sie beim Wandern auf dem Wanderweg für Ihre eigene Sicherheit verantwortlich sind.

4 Zugang

Auf diesem Wanderweg besteht kein Wegerecht mit Ausnahme der Strecken auf öffentlichen Landstraßen. Abseits dieser Routen überqueren Sie Privatgrundstücke, bei denen Ihnen das Betreten des Grundbesitzes freundlicherweise vom Grundbesitzer gewährt wird. Falls Sie den Bauern beim Ausüben seiner Arbeit behindern, kann er Ihnen das Wegerecht entziehen.

Respektieren Sie also die Großzügigkeit des Grundbesitzers, in dem Sie folgende Vorsichtsmaßnahmen einhalten:

VERHALTENSREGELN AUF DEM LAND

Acker- und Weideland befindet sich im Privatbesitz, den Sie nur aufgrund der Toleranz und Gastfreundschaft des Bauern betreten dürfen.

Es handelt sich um einen Ort, an dem gearbeitet wird, so dass dessen Betretung auf eigene Gefahr erfolgt. Gemäß dem „Occupiers' Liability Act" von 1995 obliegt es demjenigen, der es betritt, alle notwendigen Schritte zur Gewährleistung der eigenen Sicherheit zu unternehmen.

Sie sind auch für sämtliche dem Landbesitz, dem Vieh oder der Feldfrucht zugefügten Schäden haftbar. Beim Überqueren von Acker- und Weideland sollten Sie unbedingt darauf achten, die Aktivitäten des Bauern nicht negativ zu beeinträchtigen.

- Zeigen sie Respekt vor dem Weideland und dem ländlichen Umfeld.
- Machen Sie sich nicht an dem Vieh, der Feldfrucht, Landmaschinen und sonstigem Eigentum zu schaffen.
- Seien Sie sich besonders in Waldgebieten der Gefahr beim Hantieren mit offenem Feuer bewusst.
- Lassen Sie Gatter so, wie Sie sie vorfinden.
- Lassen Sie Kinder nie unbeaufsichtigt.
- Machen Sie einen Bogen um Weideland, auf dem sich Vieh befindet. Ihre

Anwesenheit kann das Vieh beunruhigen und Ihre eigene Sicherheit gefährden.

- Betreten Sie Acker- und Weideland mit einem Hund (auch wenn dieser an der Leine geführt wird) nur mit ausdrücklicher Genehmigung des Grundbesitzers.
- Verwenden Sie nur die zum Zugang vorgesehenen Gatter und Wege und beschädigen Sie keine Zäune, Hecken und Mauern.
- Lassen Sie keine Abfälle liegen.
- Seien Sie auf Landstraßen besonders vorsichtig.
- Machen Sie keinen unnötigen Lärm.
- Schützen sie die Flora und Fauna.
- Beachten Sie jeweils angebrachte Warnschilder; sie dienen zu Ihremeigenen Schutz.
- Wenn Sie sich auf einer anerkannten Wanderroute befinden, gehen Sie nicht davon ab.
- Setzen Sie den Landbesitzer unverzüglich von etwaigen von Ihnen verursachten Schäden in Kenntnis.
- Blockieren Sie nicht die Zufahrten zu den Bauernhöfen.

Wenn Sie Mitglied eines Sport- oder Freizeitvereins sind, vergewissern Sie sich bitte im Voraus, ob Sie über angemessenen Versicherungsschutz verfügen. Damit schützen Sie sowohl sich selbst, als auch den Grundbesitzer.

Reproduziert mit freundlicher Genehmigung des IFA („Irish Farmers Association").

FÜHREN SIE KEINE HUNDE MIT, wenn Sie sich auf einem Wanderweg mit Zugang zu Acker- und Weideland befinden. Sie treffen dabei auf weidende Schafe und Kühe und laufen Gefahr, dass Ihr Hund erschossen wird, wenn er dem Vieh nachjagt.

Dieser Wanderweg ist für Fußmärsche konzipiert. Manche Wegabschnitte sind zwar für Mountain-Bikes oder Pferde geeignet, bestimmte Streckenabschnitte, insbesondere Torfmoore, sind allerdings denkbar ungeeignet dafür. Torfmoore produzieren nämlich einen nassen, sumpfigen und matschigen Morast, auf dem sich ein Ritt oder eine Radfahrt als äußerst schwierig gestalten würde.

Begehen Sie den Wanderweg bitte nicht in großen Gruppen. Dadurch entstehen Erosionsprobleme und es wird auch nicht gern gesehen vom Landbesitzer, auf dessen Gastfreundschaft wir angewiesen sind. Große Gruppen haben an Gattern oder anderen Engpässen Probleme beim Passieren und lassen häufig die Gatter offen bzw. beschädigen die Zäune.

5 Haftungsausschluss

Die Informationen in diesem Landkartenführer sind nach unserem besten Wissen und Gewissen zum Zeitpunkt der Veröffentlichung korrekt. Die Wanderwegroute kann sich jedoch ändern. Derartige Änderungen sind anhand der Wegschilder deutlich gekennzeichnet.

Verfasser, Kartograph und Herausgeber übernehmen keinerlei Verantwortung für etwaige in diesem Landkartenführer enthaltene Ungenauigkeiten bzw. jegliche Verluste, Schäden oder Unannehmlichkeiten, die Ihnen aus der Verwendung dieses Landkartenführers entstehen oder daraus resultieren.

Cartes-Guides Chemins de Pèlerinage:
Introduction Génerale

1 **Comment utiliser votre carte-guide**

Le texte et les cartes contenus dans ce guide sont conçus pour des pèlerins à pied qui partent de Tráigh Fionntrá et terminent leur marche au pied du cnoc Bréannain (Mt Brandon).

Carte à l'échelle du 1: 50.000 (0,5 cm pour 1 kilomètre). Toutes les cartes sont orientées vers le nord.

À côté de chaque carte se trouve une brève description de la section de chemin indiquée sur la carte. Pendant la marche, nous vous suggérons de replier le guide à la page concernée et de le placer dans la pochette plastique qui le protégera des intempéries. Tous renseignements complémentaires concernant les sites intéressants et autres curiosités rencontrés en route se trouvent après les cartes, pages 25-30.

Par mesure de nécessité, les cartes de ce guide ne peuvent montrer qu'une section limitée de la région traversée par la voie de pèlerinage. Nous vous conseillons de vous munir des cartes d'État-Major (Ordnance Survey Maps) au 1:50.000 de la série Discovery qui vous donneront une image plus complète de la région. Le feuillet pertinent est le numero 70.

2 **Comment reconnaître son chemin**

Le chemin est balisé par des panneaux noirs en plastique recyclé, reconnaissables à leur symbole jaune représentant un pèlerin et comportant des flèches qui indiquent la direction à prendre (ces flèches sont adaptées au pèlerin quelle que soit la direction prise).
À l'endroit où le chemin rejoint ou quitte une route publique, se trouve un poteau indicateur marron portant le nom du chemin et le symbole du pèlerin.

3 **Sécurité**

Cet itinéraire suit des routes tranquilles, des chemins de campagne ou des sentiers et présente très peu de danger. Les pèlerins ne devront pas oublier cependant qu'en Irlande le temps change vite et qu'une blessure même légère à la jambe ou au pied peut poser problème lorsqu'on se trouve à plusieurs kilomètres d'une route publique. Veillez donc à mettre ou à emporter des vêtements chauds et de protection contre la pluie et le vent. Il n'est pas nécessaire de se munir de chaussures de marche, mais portez des chaussures solides et confortables pour franchir les sections boueuses ou accidentées du chemin. Dans l'éventualité très improbable d'un accident nécessitant une aide extérieure, le numéro de téléphone des urgences est le 999. Veuillez noter que vous êtes responsable de votre sécurité personnelle le long de ce chemin.

4 Accès

Ce chemin ne comporte pas de droit de passage à l'exception des sections sur route publique. Ailleurs, il traverse des propriétés privées avec l'aimable autorisation de leurs propriétaires qui pourront en refuser l'accès si les utilisateurs du chemin entravent l'exécution des travaux agricoles ou autres.

Veuillez donc respecter la générosité des propriétaires en observant les règles suivantes :

CODE DE BONNE CONDUITE SUR LES TERRES AGRICOLES

Les terres agricoles sont des propriétés privées et leur accès n'est possible qu'avec le bon vouloir et la tolérance des agriculteurs.

Les terres agricoles représentent un environnement de travail et toute personne qui y pénètre le fait à ses propres risques. La loi "Occupiers' Liability" de 1995 fait obligation aux personnes qui y entrent de prendre toutes mesures nécessaires pour assurer leur sécurité personnelle.

Les personnes qui pénètrent sur des terres agricoles sont également responsables de tous dommages à la propriété de l'agriculteur, son bétail et ses récoltes qui résulteraient de leurs actions. En traversant des terres agricoles, veillez à ce que votre présence soit discrète et n'entravez pas les activités agricoles.

- Respectez les terres agricoles et l'environnement rural.
- Ne touchez jamais au bétail, aux récoltes, aux machines ni à aucun autre bien.
- Prenez toutes précautions contre les risques d'incendie, en particulier à proximité d'une forêt.
- Laissez toutes les barrières d'exploitation agricole dans l'état où vous les trouvez.

- Surveillez toujours de très près les enfants.
- Évitez de pénétrer sur des terres agricoles où se trouve du bétail. Votre présence inquiéterait les animaux et pourrait aussi vous faire courir un danger.
- Ne passez jamais sur des terres agricoles lorsque vous êtes accompagné d'un chien, même en laisse, sauf avec l'autorisation du propriétaire.
- Utilisez toujours les barrières, les échaliers ou autres points d'accès reconnus et évitez d'endommager les clôtures, les haies et les murs.
- Emportez avec vous toutes vos ordures.
- Faites très attention sur les routes de campagne.
- Évitez tout bruit intempestif.
- Protégez la vie sauvage, les plantes et les arbres.
- Respectez les panneaux avertisseurs – ils sont prévus pour votre protection.
- Lorsque vous empruntez un itinéraire de marche reconnu, ne quittez pas le chemin balisé.
- Signalez immédiatement tout dommage résultant de vos actions à l'agriculteur ou au propriétaire.
- Ne bloquez pas les entrées de ferme en garant votre véhicule.

Si vous appartenez à un club sportif ou récréatif, vérifiez que votre assurance est suffisante pour vous protéger, vous-même et le propriétaire.

Reproduit avec l'aimable autorisation de l'IFA.

NE VENEZ PAS AVEC UN CHIEN sur les sections du chemin qui traversent des terres agricoles. Ces sections passent en effet par des prés occupés par du bétail et des moutons, et les chiens que l'on voit pourchasser des animaux domestiques sont généralement abattus.

Ce chemin est destiné aux pèlerins à pied. Même si certaines sections sur route ou route verte leur conviennent, d'autres sections de l'itinéraire, en particulier dans les tourbières, sont totalement inadaptées aux VTT et aux chevaux qui les transforment rapidement en un marécage humide, spongieux et boueux, tout à fait désagréable pour ceux qui suivent.

Ne faites pas cette marche en groupes trop nombreux. Ces groupes créent un problème d'érosion et sont considérés comme gênants par les occupants des terres dont le bon vouloir nous est indispensable. Ils créent également des problèmes au niveau des échaliers ou autres goulets d'étranglement, et laissent souvent des barrières ouvertes et endommagent des clôtures.

5 Clause de non responsabilité

À notre connaissance, les informations contenues dans cette carte-guide sont exactes au moment de la mise sous presse. Il pourra cependant se produire des modifications dans le tracé du chemin qui seront normalement indiquées de manière évidente par la signalisation.

L'auteur, le cartographe et l'éditeur ne pourront en aucun cas être tenus responsables de pertes ou de dommages subis quels qu'ils soient ou de désagréments causés en conséquence de l'utilisation de cette carte-guide, ou d'inexactitudes éventuelles.

Useful phone numbers and addresses
Nützliche Adressen
Adresses utiles

EMERGENCY SERVICE – Telephone 999 or 122

Coastal, Mountain, and Cave Rescue, Fire, Gardaí, Ambulance, Lifeboat.

DINGLE TOURISM OFFICE – Tel: 066 9151188
for information on B+B accommodation www.corkkerry.ie

IARNRÓD EIREANN –
(Rail Passenger information)
Tel: 066 7123522
www.irishrail.ie

BUS EIREANN –
(Passenger information)
Tel: 066 7123566
www.buseireann.ie

AN ÓIGE –
(Irish Youth Hostel Association)
Tel: 01 830 4555
Fax: 01 830 5808
www.anoige.ie

DINGLE TAXI CO-OP   TEL: 066 915000

DINGLE HEALTH CENTRE
(for all local doctors)   TEL: 066 9152225

DINGLE GARDA STATION   TEL: 066 9151522

The Pilgrim Paths Project

In 1997 the Pilgrims Paths project was set up by the Heritage Council. The objective of this project is to develop and support a network of walking routes along medieval Pilgrim Paths in association with local communities. The aim of the project is to raise awareness of the different aspects of heritage, built and natural, encountered along the routes while contributing to sustainable tourism and community development in each local area.

The routes included in the project are:

1. **Cosán na Naomh** - on the Dingle Peninsula, Co Kerry
2. **St. Kevin's Way** from Hollywood to Glendalough, Co Wicklow
3. **Lough Derg** - a route to the shore opposite Saints Island, Co Donegal
4. **Slí Mhór** - Ballycumber/Leamonaghan to Clonmacnois, Co Offaly
5. **St. Declan's Way** from Lismore to Ardmore

The Heritage Council gratefully acknowledges the work of the local routes committees whose dedication to the project is vital to its success.

This project has been supported by the Pilot Tourism and Environment Scheme 1999 (Bord Fáilte Eireann) and the National Millennium Committee.

1. Historical Background

Cosán na Naomh is a wonderful, evocative title for one of Ireland's most fascinating and beautiful old pilgrimage roads. It is situated at the end of the Corca Dhuibhne peninsula in County Kerry, the most northerly of the five fingers which thrust themselves boldly out into the Atlantic Ocean on the southwest coast of Ireland. Even for the casual stroller, the walk as defined here presents no major challenge along its eighteen kilometre (eleven-mile) length, as it only once climbs a hill and, for the rest of the time, weaves its way gently up and down through breathtaking scenery which offers a constant vista of sea or mountain, and often both. Traditionally, one of the starting points of Cosán na Naomh (the Saints' Path) was at Tráigh Fionntrá (Ventry Strand) and it finished at the top of Cnoc Bréanainn (Brandon Mountain), but our walk ends at the Grotto at the foot of the mountain.

People have been treading this route for centuries. It was not necessary to have been formally canonised to be called 'Saint' in ancient Ireland, and we may be permitted to envisage the Saints who gave their name to the road as a myriad of anonymous holy people, both lay and ecclesiastical, who would have walked the road as pious pilgrims down the centuries.

St Brendan Reykjevik, Iceland (*P. Harbison*)

There is, however, one saint in particular whose name is linked to the road and that is Bréanainn (Brendan), the famous Navigator, who lived in the fifth/sixth century A.D. But the origin of the road almost certainly goes back long before his day, and gets lost in the mists of prehistoric time. Máire Mac Néill, author of *The Festival of Lughnasa*, argued convincingly that the final goal of the Christian pilgrim along this Kerry path, the 970 metres (3,127 ft.) high Cnoc Bréanainn, was probably also an annual meeting place in the pre-Christian period where a festival was held in honour of Lug, the good god of the pagan Celts, on the last Sunday of July. This is also one of the three possible dates on which the Christian pilgrimage took place along the

Cosán na Naomh in the early medieval period a thousand and more years ago. In other words, the Christian pilgrimage was very probably adapted by the Church from a pagan religious festival which also combined the functions of a meeting place where folk from many miles around could foregather once a year to renew acquaintances, make matches, settle disputes, and doubtless, also eat, drink and be merry.

Naomh Bréanainn was a Kerry saint, but not actually from the locality. He was born near Ardfert, north of Tralee, some time in the second half of the fifth century, and a medieval cathedral dedicated to him still stands at Ardfert, which has always been one of the great centres of his cult. His name became known internationally because it was linked to one of medieval Europe's greatest travelogues, the *Navigatio Sancti Brendani (The Voyage of Saint Brendan)*, first written in Latin around the ninth century and later translated into a variety of European languages. It tells of how Naomh Bréanainn sets out across the sea with twelve disciples in search of the land of promise, an island which he had heard about from an ancient hermit who lived off the coast of Donegal. Tradition has it that he spent time on Cnoc Bréanainn praying for a safe return from his journey. His boat would have been an open rowing boat known as a naomhóg, or currach, like those used for sporting, fun and fishing along the west coast of Ireland today, except that the original animal hides have been replaced by modern canvas which is tarred both inside and out.

Starting from the end of the Corca Dhuibhne peninsula, Naomh Bréanainn and his crew headed in a northerly direction, passing Oileáin Árann (Aran Islands) in Galway Bay, and continued on up along the west coast of Scotland, where the spread of his cult left churches bearing his name, including one on St. Kilda, the outermost of the Outer Hebrides. The *Navigatio* does not designate the islands he met later on by names that we know today, giving them instead titles such as The Paradise of Birds, the Island of Sheep, the Island of Smiths, the Crystal Pillar and the Island of Grapes. From these we can visually reconstruct a voyage via Orkney and Shetland to the Faroes, on to Iceland where a smith throws hot coals from his forge – surely volcanic lava – at the boat; from there to Greenland with 'crystal' icebergs and probably even to the coast of North America (known later to the Vikings as Vineland). After seven years, Naomh Bréanainn finally finds his (is)land of Promise. There he is told to take what he could with him back to his own country, and that the final day of his pilgrimage was drawing near. He returned safely to tell the tale of his adventures and subsequently died, to be buried not in his beloved Kerry but at Clonfert in County Galway, where a cathedral with a beautiful Romanesque doorway was erected to honour his memory.

It is appropriate that Bréanainn/Brendan, the Saint of the Sea, should be patron of this pilgrimage as the tale of the Navigatio may well have been the literary reflection of sea-borne pilgrimage to the Peninsula which, though otherwise undocumented, can be reconstructed on the basis of ancient monuments and paths surviving in the area. Early Christian pilgrims to Cnoc Bréannain/Mount Brandon would have obviously included many people from the surrounding areas on both sides of the mountain. Evidence from the annates tax on religious benefices in the fifteenth century shows that the numbers of pilgrims must have been substantial as the tax valuation of Cnoc Bréanainn was much higher than the limit for exemption; revenue for benefices was raised from the offerings of the pilgrims. Other pilgrims would have travelled from further east, but what makes our Cósan na Naomh pilgrimage road so different from all its other Irish counterparts is that it was traversed by those who came to the western end of the Peninsula by sea, arriving at one or other of the many possible landing places there before climbing to their goal on the summit. But the route marked on the old maps – and, in particular, the first edition of the Ordnance Survey six-inch sheets of the 1840s – is the one that is followed here, with Cosán na Naomh starting at Tráigh Fionntrá (Ventry Strand) and heading circuitously north-eastwards in the direction of Cnoc Bréanainn. As the area around the summit of Cnoc Bréanainn is particularly dangerous because of precipitous cliffs close by, and also because of the frequent mists and cloud which can suddenly envelop the peak and disorientate the climber, the walk here is confined to the easier parts of the route culminating at the foot of the mountain, where our pilgrimage route stops at Baile Breac (Ballybrack).
It is entirely at your own risk should you want to proceed from there to the summit.

Tráigh Fionntrá (*Ted Creedon*)

Key to Map Symbols

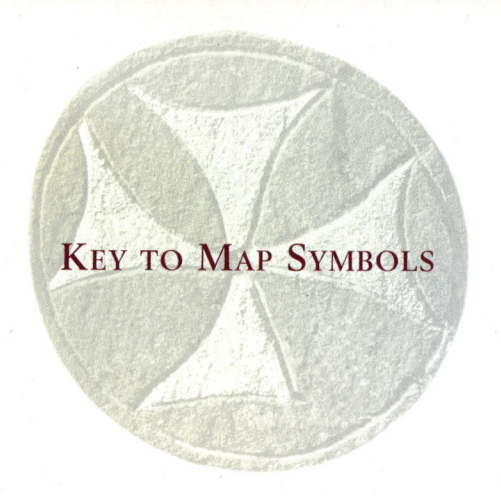

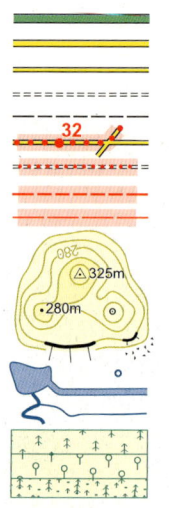

National Main Road	Railway
Main Road	Wall/ Fence
Minor Road	Village/ Houses
Dirt/ Gravel Road	Building, Ruin
Footpath	Church, Mast
Following a Road	
Following a Dirt Road	
Following a Footpath	
No Path or Indistinct	
Contour Lines (20m)	Shop, Pub, Post Office
Trigonometric Pillar	Phone, Cafe, Craft Shop
Spot Height, Cairn	Petrol, Bureau de Change
Cliff	Tourist Office, Doctor
Rocky Terrain	Parking, Picnic Site, Bus
Lake/ Well/ Water Tap	Hotel, Bed & Breakfast
Large River	Hostel, Caravan/ Campsite
River, Stream	Site of Interest, Museum
Forest - Coniferous	Rath, Castle, Church
Forest - Deciduous	Tomb, Barrow, Fulacht Fia
Felled/ New Plantation	Golf, Traditional Music
	Horse Riding, Fishing

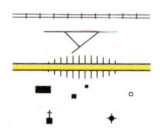

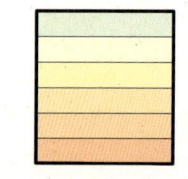

The route of the Cósan na Naomh is shown in RED. Distances are marked by a red dot every kilometre, going from Ceann Trá to Baile Breac.

Relief - 100 to 200 metres
Relief - 200 to 300 metres
Relief - 300 to 400 metres
Relief - 400 to 500 metres
Relief - 500 to 600 metres
Relief - 600 metres +

Map Scale 1:50000

0 Km   1 Km   2 Km   3 Km   4 Km   5 Km

The representation on this map of any road, track or path is no evidence of the existence of a right of way

Cosán Na Naomh

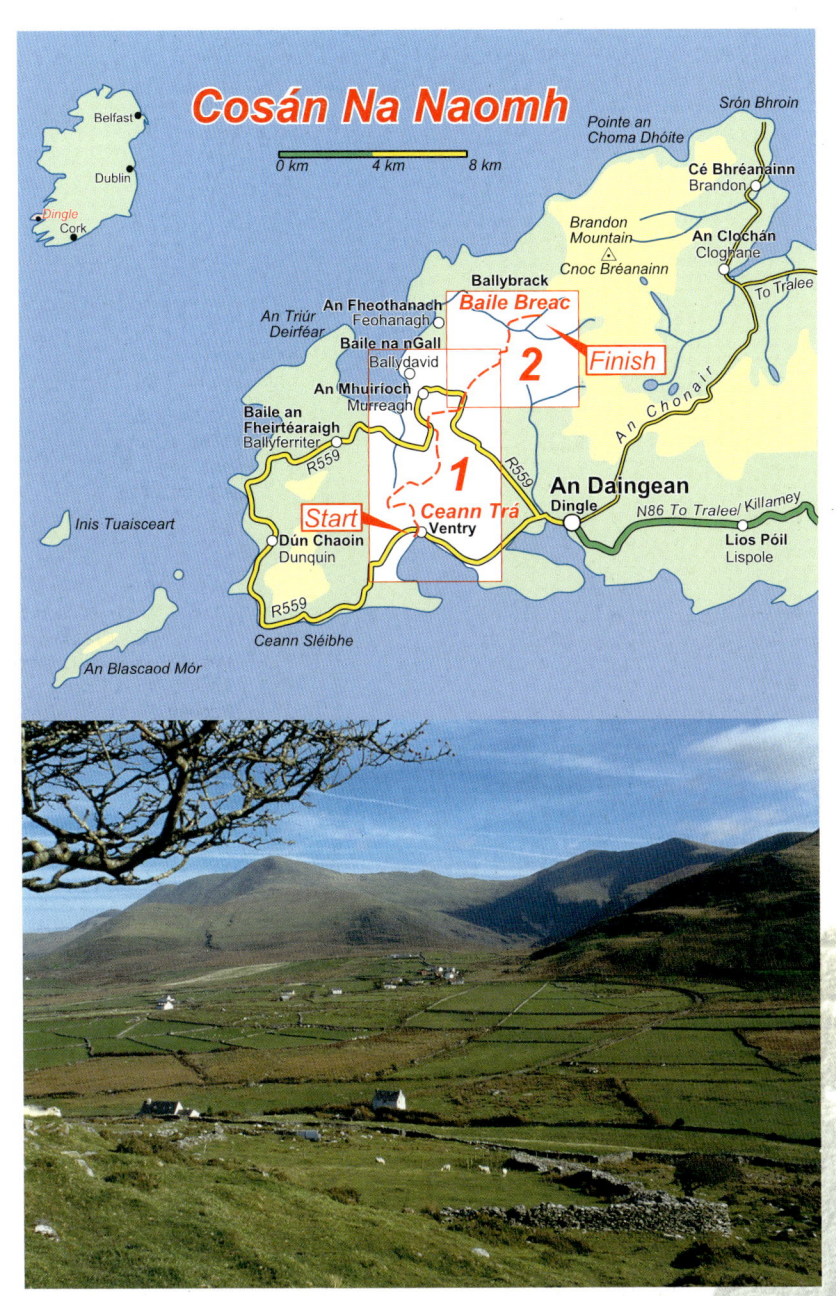

Cnoc Bhréanainn (Mount Brandon) on the far right, seen from Leataoibh Beag. (*Ted Creedon*)

II. Brief route map text

Note : A capital letter in brackets after a place or specific item denotes that a more detailed discussion will be found on pages 25-35.

The route starts at Tráigh Fionntrá (A), a fine beach lapped by the waters of Cuan Fionntrá, and a good habitat for birds. From here it winds its way up a gently rising local road that curves around to provide a backward look over Cuan Fionntrá and beyond to Sceilig Mhichíl in the distance. Along the road, a cross-inscribed stone in the wall on the left indicates the proximity in the field below of the round enclosure known as Cill na gColmán (Kilcolman) (B) which has a boulder marked with two crosses and bearing an Ogham inscription which bears the name of Colmán the Pilgrim.

Continuing westwards along the southern flank of Leataoibh Beag (Lateevebeg) brings the walker to a short stretch of the Ventry - Ballyferriter road where the tower-house of Ráth Sheanáin (Rahinanne) (C) can be seen across the fields. After a few hundred yards northwards along the road, turn right into a smaller local road which curves in a majestic sweep along the northern flank of Leataoibh Beag (D) and Leataoibh Mór (Lateevemore). In turn, the old road is partially sunken and bordered by fuchsia hedges and other interesting flora (E). Beyond it is a splendid view to Ceann Sibéal (Sybil Head), An Triúr Deirféar (The Three Sisters), Ceann Bhaile Dháith (Ballydavid Head) and Binn Bhaile Reo (Beenmore), visual reminders of a landscape formed in the Tertiary Age 10-20 million years ago. The hill of Leataoibh Mór rising on the south side of the pathway has hummocks formed by landslides that resulted from the melting of glacial ice a mere 14,000 years ago.

After crossing the Dingle-Ballyferriter Road, Cosán na Naomh passes close to Teampall na Cluanach (Templenacloonagh) (F), an ancient earthen enclosure containing a church, an oratory, huts and cross-inscribed pillars. Where the route comes closest to Cuan Ard na Caithne, a machair spreads itself to the left (G), a sandy dune area with much of interest for the ecologist and the ornithologist. For the geologist, rock crags there point to old stacks where the sea-bed rose 120 metres after the ice melted some 20,000 year ago.

The next stop is Sáipéilín Ghallarais (Gallarus Oratory) (H) whose sloping side walls make it the peninsula's best known and most characteristic building, marking perhaps an old monastic site with accompanying burial area in the form of a raised platform of stones. Nearby is Caisleán Ghallarais (Gallarus Castle) (I), a fifteenth/sixteenth-century tower house. Teaming up shortly afterwards with the busy Dingle-Murreagh road for a while, the route passes Cathair Deargáin (Caherdorgan) (J), a stone fort or cashel and further on, on the left, a rectangular building known as Fothrach an tSainsiléara (The Chancellor's House) (K).

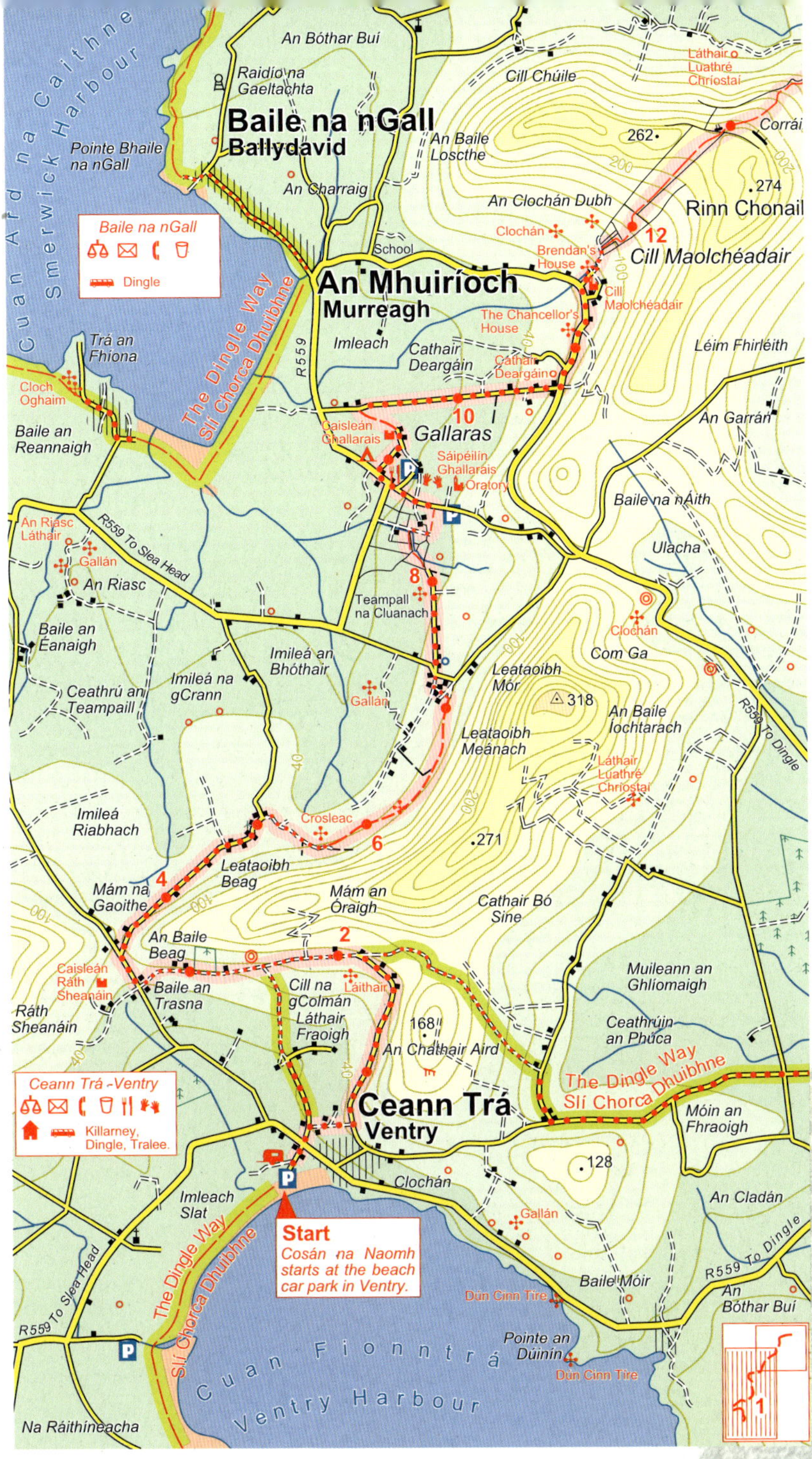

An Bóthar Buí
Raidió na Gaeltachta
Baile na nGall
Ballydavid
An Baile Loscthe
An Charraig
Cill Chúile
Láthair Luathré Chríostaí
Corrái
262
274
Rinn Chonail
Pointe Bhaile na nGall
Cuan Ard na Caithne
Smerwick Harbour
Baile na nGall
Dingle
An Clochán Dubh
Clochán
Brendan's House
12
Cill Maolchéadair
School
An Mhuiríoch
Murreagh
Cill Maolchéadair
The Chancellor's House
Imleach
Cathair Deargáin
Cathair Deargáin
Léim Fhirléith
Trá an Fhíona
Cloch Oghaim
The Dingle Way
Slí Chorca Dhuibhne
R559
10
Baile an Reannaigh
Caisleán Ghallarais
Gallaras
Séipéilín Ghallarais
Oratory
An Garrán
Baile na hÁith
An Riasc Láthair
Gallán
R559 To Slea Head
An Riasc
Ulacha
8
Teampall na Cluanach
Clochán
Com Ga
Baile an Éanaigh
Imileá an Bhóthair
Imileá na gCrann
Ceathrú an Teampaill
Gallán
Leataoibh Mór
318
An Baile Íochtarach
R559 To Dingle
Leataoibh Meánach
Láthair Luathré Chríostaí
Imileá Riabhach
Crosleac
6
271
Leataoibh Beag
4
Mám na Gaoithe
Mám an Óraigh
Cathair Bó Sine
2
An Baile Beag
Caisleán Ráth Sheanáin
Baile an Trasna
Cill na gColmán Láthair
Láthair Fraoigh
Muileann an Ghlíomaigh
Ráth Sheanáin
168
An Chathair Aird
Ceathrúin an Phúca
Ceann Trá -Ventry
Killarney, Dingle, Tralee.
Ceann Trá
Ventry
The Dingle Way
Slí Chorca Dhuibhne
Móin an Fhraoigh
128
Clochán
Imleach Slat
An Cladán
Gallán
Start
Cosán na Naomh starts at the beach car park in Ventry.
To Slea Head
R559
Dún Cinn Tíre
Baile Móir
R559 To Dingle
An Bóthar Buí
Pointe an Dúinín
Dún Cinn Tíre
Cuan Fionntrá
Ventry Harbour
Na Ráithíneacha
1

Close by is the most important ecclesiastical site along the whole route – Cill Maolchéadair (Kilmalkedar) (L), with its Romanesque church, Ogham stone, sun-dial, bullaun, holy well, Teampaillín Bréanainn (St Brendan's Oratory) and Fothrach Bréanainn (St. Brendan's House). Continuing over Cnoc Rinn Chonaill (Reenconnell Hill) (M), the view from the top is scenically superb, the vista westwards looking out over the great amphitheatre which opens onto Cuan Ard na Caithne, while north-eastwards the eye roams over Com an Lochaigh (Ballinloghig Valley) towards the pilgrims' goal of Cnoc Bréanainn. The grassland and heather on Rinn Chonaill leads down to Corráilí (Currauly) (N), an enclosure skirted by the path and enclosing a beehive hut and a broken cross.

Finally the end of our road is at hand in the car park at Baile Breac, where the walker may follow the pilgrim's route to the peak at his or her own risk.

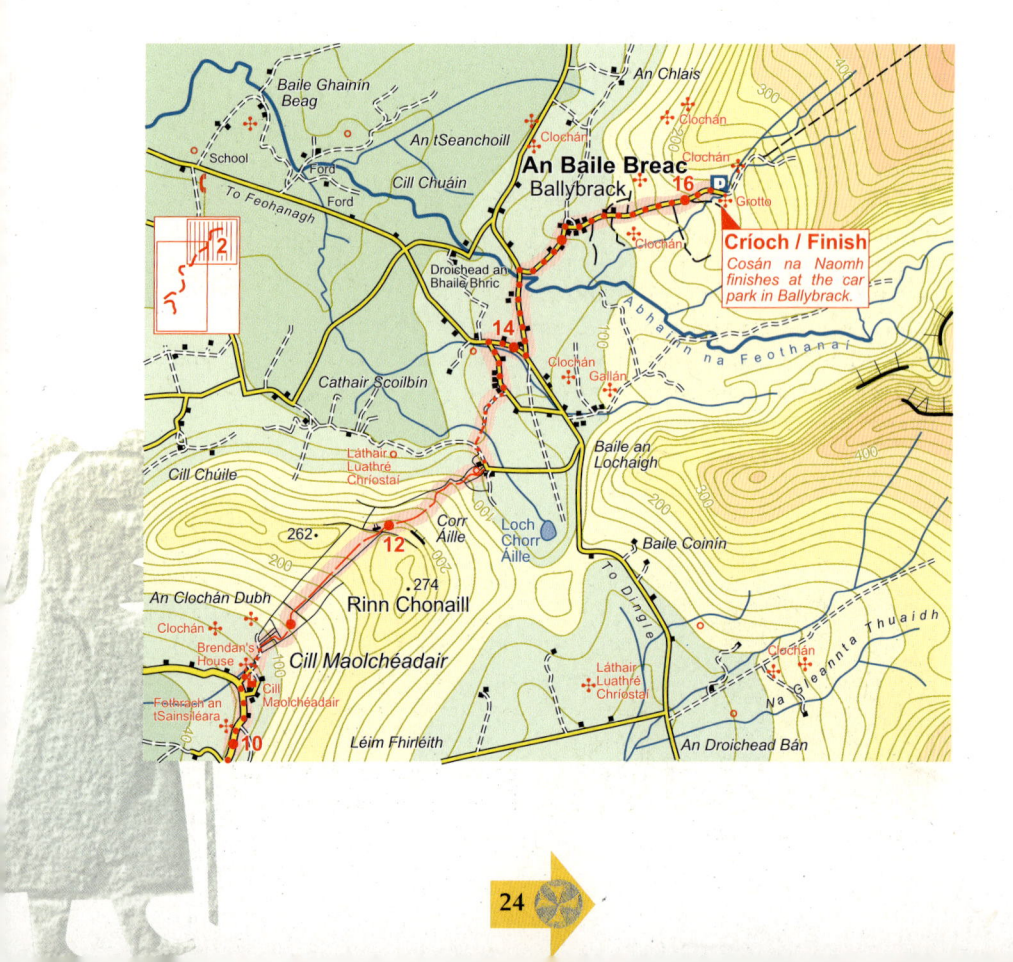

III. Detailed notes about places to be visited or things to be seen en route

A Tráigh Fionntrá (Ventry Strand)

Tráigh Fionntrá is the start of the pilgrimage walk, as it doubtless also was a thousand years ago or more. It is the focus of Regatta Fionntrá (the Ventry Regatta) in early summer, when teams compete against one another in naomhógs – almost feather-light canvas-covered craft, rowed with oars – and we should imagine pilgrims of old beaching their boats on the great sandy expanse, preparing themselves for their eleven-mile pilgrimage walk to the summit of Cnoc Bréanainn.

Great Northern Diver (Richard Mills)

In Old Irish literature, this beach was the scene of a somewhat mythical encounter know as Cath Fionntrá (the Battle of Ventry), in which the great hero Fionn Mac Cumhaill overcame 'the Emperor of all the World except Ireland' (Dáire Donn). Today, the beach and the sand-dunes form the focus of a holiday centre in summer, with many tourists and caravans. In winter the harbour provides fish for the great northern and red-throated diver, while the beach feeds numerous waders such as sanderling and ringed plover as well as brent geese. The marshes are important hunting grounds for the hen harrier and often shelter a little egret.

Hen Harrier at nest (Richard Mills)

B Cill na gColmán (Kilcolman)

Cill na gColmán, in the townland of Mám an Óraigh (Maumanorig), is a site in the middle of a field (make sure you close the gate behind you), and consists of a circular earthen enclosure. Its main feature is a large boulder decorated with an encircled cross-of-arcs and a separate, smaller, equal-armed cross, both half framed by an inscription in the Old Irish

Kilcolman stone (Ted Creedon)

Ogham script, requesting a prayer for Colmán the pilgrim. What better proof could you get that this site was used by pilgrims, perhaps for overnighting, or just to say a prayer in front of the cross before proceeding further along the road? At the foot of the boulder is a small hollowed-out stone known as a bullaun, once probably filled with water for people to bless themselves.

C) Ráth Sheanáin (Rahinanne)

Situated on private land, where the owners prefer no trespassers, but well visible from the road, is one of the peninsula's most impressive castle sites. Located within a rath – an early medieval domestic enclosure consisting of two high earthen banks separated by a broad ditch - is a rectangular tower-house of three storeys, the eastern wall of which collapsed some centuries ago. A striking-looking shell, the tower was probably built by a Fitzgerald Knight of Kerry around the fifteenth century and, though destroyed in the Cromwellian wars in the mid-seventeenth century, it may have remained a somewhat diminished family residence until the eighteenth century.

D) Leataoibh Beag (Lateevebeg)

The south-western spur of Leataoibh Beag, the hill to the north of Cill na gColmán, provides panoramic views southwards over Cuan Fionntrá, and even as far as the two Skellig islands, the greater and the lesser, which rise up dramatically out of the sea some thirty miles to the south-south-west. Looking northwards towards Cuan Ard na Caithne, a low fan-shaped dome slopes down towards the ocean waves – a feature representing a mass of sand and gravel deposited by a river flowing northwards from a lobe of ice into sea-water which lay over the area as recently as 20,000 – 14,000 years ago.

E) The northern foot of Leataoibh Beag and Leataoibh Mór

Along the section of the road which separates the foot of Leataoibh Beag and Leataoibh Mór hill from the broad plain that spreads out from it towards the inner portion of Cuan Ard na Caithne, the fuchsia hedges which border the road create a wonderfully visible broad sweep as the pilgrim path makes a majestic curve around the adjoining farmland to the north. Fuchsia was introduced here from South America in the 1930s, and its establishment has

Stonechat (Richard Mills)

been such a success that its drooping red flower has become the most conspicuous floral symbol of the peninsula, acting as a logo for an equally exotic local pottery. But the fuchsia has other flourishing neighbours in the hedge-row – royal fern, tutsan and St. Patrick's Cabbage, for instance – the cabbage being one of a small group of plants which are otherwise confined to the Mediterranean and the northern parts of Spain and Portugal. The very diverse flora along this section of the route includes many woodland species which suggest that this is, indeed, an ancient route. Some old fields are overgrown with bracken and scrub which provides an excellent habitat for stonechat, sedge warbler, wren, blackbird and linnet and which, in spring, will ring out with their song.

As you cross the main road you pass on your right Scoil Leataoibh, St Ita's National School, opened in 1914 and closed during the 1960s. Local children now attend school in Baile an Fheirtéaraigh.

Geologically, the northward-looking slopes of Leataoibh Mór have more than their fair share of interest. Above one path is a major fault which cuts the underlying bedrock, and the area to the west was dropped down along this fault some 10-20 million years ago. Further north along the scarp there is a gravel cliff bearing angular fragments of sandstone set in mud, a feature which indicates that it was formed in an arctic tundra-type of climate when the frozen ground thaws out and flows or slips downhill. Small hummocks on the hill slope represent landslides when the glacial ice melted from the area as recently as 14,000 years ago.

F Teampall na Cluanach (Templenacloonagh)

Teampall na Cluanach is a small ecclesiastical enclosure on private land, containing the ruins of an oratory and a slightly larger church. In addition to some equally ruined beehive huts, it also contains two impressive standing cross-inscribed pillars which may be no earlier than the ninth century, as one bears a curious resemblance to the cross-symbol of the great emperor Charlemagne.

G The machair near An Mhuiríoch (Murreagh)

The machair, a low-lying sandy area at Gallarus, south-west of An Mhuiríoch, and not far off the pilgrim path, has dunes behind the beach which are home to marram and sea-holly. Further away from the sea, open water, reedswamp and grassland intermingle, the last-named being rich in orchids. This special habitat provides a winter home to hen harrier, merlin waders and duck. Chough feed on the insects in the cattle meadows and ravens patrol the dunes.

The intermittent rock crags, with a notch at their base, are old sea stacks which provide evidence that the sea once covered this flat area. Originally, the old sea bed lay 120 metres, or over 350 feet, lower than it is today, and it was the melting of the glaciers some 20,000 years ago that allowed it to rise to its present height above modern sea level. The uplift must have been fast because, at Baile na nGall (Ballydavid) close by, there is a storm beach deposit on the surface which is overlain by red gravel showing patterns of vertically-aligned pebbles formed by summer thawing of tundra-climate soil formed at least 9,000 years ago.

H Sáipéilín Ghallarais (Gallarus Oratory)

Sáipéilín Ghallarais *(Ted Creedon)*

The dry-stone oratory at Gallarus is the most characteristic ancient monument of the peninsula, sung of on more than one occasion by no less a poet than Seamus Heaney who likened it to 'a core of old dark walled up with stone a yard thick'. Using no mortar, it was built in the corbel technique with one stone placed on top of another, each layer being placed closer to a central line than the one beneath it, until both sides meet at the top, and forming in the process a parabolic curve that ensures a graceful transition from wall to roof without any angular break between them. The masonry is of superb quality, having successfully withstood Irish weather and countless thousands of visitors down the years, though the part most likely to collapse (the centre of the long side) is showing an unfortunate sag. There is one small round-headed east window, and the entrance which narrows as it rises was originally closed not by a door but by a flap which opened inwards and upwards as it swung on a long-lost wooden hinge above the door. Of almost two dozen surviving examples of such oratories, this and two on the island of Sceilg Mhichíl are the only ones which retain their roofs intact, a compliment to the skill of the master mason who built it. We shall encounter another close by at Cill Maolchéadair. Outside Kerry, most of the others are located up along the west coast of Ireland as far north as Mayo where what appears to have been a further specimen was excavated recently on the summit of Croagh Patrick, Ireland's Holy Mountain, adding to the likelihood that such so-called 'boat-shaped' oratories should be associated with pilgrimage. Outside Ireland, buildings of similar type are known at either end of the Alpine massif e.g., the bories at Gordes (Vaucluse) in Provence and the Glattjochkapelle in Steiermark (Austria), but their connection with Gallaras is uncertain. As with most archaeological monuments on the Corca Dhuibhne peninsula, it is impossible to be in any way dogmatic about when Gallarus was built. Suggested dates have ranged from the seventh to the twelfth century.

I Caisleán Ghallarais (Gallarus Castle)

A recently-conserved rectangular keep of four storeys, this is a tower-house probably of the fifteenth century, solidly built by the FitzGeralds, Norman occupiers of the area for many centuries, who were apparently still in residence in 1688.

J Cathair Deargáin (Caherdorgan)

Cathair Deargáin, lying only 600 yards from the important church of Cill Maolchéadair to be discussed later (L), has two significant building clusters. The older of the two is a circular stone wall or cashel enclosing five, partially conjoint, clocháin or beehive huts, located in the townland of Cathair Deargáin Thuaidh (Caherdorgan North). Like ringforts, cashels were the homesteads of well-to-do farmers during the Early Christian Period.

K Fothrach an tSainsiléara (The Chancellor's House)

In the same townland of Cathair Deargáin, and even closer to Cill Maolchéadair, is Fothrach an tSainsiléara, a long, rectangular ruined building divided into two rooms, and with an oven opening off one of them. This was the house of successive Chancellors of the Diocese of Ardfert (many of them mentioned by name in fifteenth-century historical documents), who had the rectory of Cill Maolchéadair as one of their prebends or stipends. There is a rath, or ringfort, beside a farm-house in the adjoining townland of Cathair Deargáin Theas (Caherdorgan South).

L Cill Maolchéadair (Kilmalkedar)

Cill Maolchéadair is by far the most important ecclesiastical site on the Corca Dhuibhne peninsula. The church is dedicated to a St. Maolcéadair who died in 636, and not to Naomh Bréanainn, the titular patron of the pilgrimage, suggesting that the local saint retained his popularity in the area even though a pilgrimage devoted to another saint passed though the site.

Cill Maolchéadair (*Watercolour by G.V. Du Noyer, Royal Irish Academy*)

The church is the centrepiece. It is a nave-and-chancel church built in the Romanesque style of the twelfth century, which expresses itself in the moulding and decoration of the west doorway and the arch separating the nave and chancel. An unusual feature for Ireland is the presence of a half-round tympanum within the arch of the doorway, which is ornamented on the inside with a curious, stylised animal head. A tympanum is also found at Cormac's Chapel at Cashel in County Tipperary, which may have provided the inspiration for the panelling decoration on the interior wall of the nave when the church was built around the middle of the twelfth century. This demonstrates that the western end of the Corca Dhuibhne peninsula was keeping up with the latest architectural developments in the capital of the province, Munster, to which it belongs. The present chancel represents an extension of an original altar-niche, and the corbelled stone roof of both nave and chancel may also possibly have been modelled on Cormac's chapel. Features which Cill Maolchéadair retains from older Irish churches are the so-called antae, extensions of the long north and south walls out beyond the gable, while the cross and the finial on the gable-tops may also represent a continuation of local traditions. Various kinds of stone from the locality have been used to create a polychrome effect in the warm-coloured masonry of the church, red and green sandstones in particular, with cleaved rhyolite being used for the doorway sculpture.

Both inside and outside the church there are a number of large family vaults of a kind encountered in parts of County Kerry, though also found occasionally outside its boundaries. Leaning up against the chancel arch is a cross-decorated stone having an old Irish alphabet carved on one side, which some would date as early as the sixth or seventh century. Within the walls of the graveyard there is an amount of ancient 'furniture' of interest. For those coming over the stile to obtain access, the first item they meet is an elegantly designed sun-dial (twelfth century?) with a stylised cross-of-arcs on the back. Closer to the church is an Ogham stone, probably asking a prayer for the soul of Maile Inbir, whose name is not otherwise recorded in the pages of history. Ogham stones, dating from the early centuries of Christianity in Ireland, and even before, are written in a script or cipher of notches on, straight or diagonally across a central line, which is usually an angular upright edge on the stone. They represent the earliest form of writing in the Irish language and, for the residents of the peninsula who so assiduously cherish the preservation of that language, it is a source of pride to realise that, for such a small geographical area, their peninsula has produced roughly one-sixth of all Ogham stones known to have survived from ancient Ireland. The Cill Maolchéadair example has a hole at the top of it, but what its purpose was has not been recorded. In addition to the Ogham stone, there is also a simple but effective stone cross with a flat raised area at the junction of arms and shaft.

Fothrach Bréanainn (*Watercolour by G.V. Du Noyer, Royal Irish Academy*)

A few hundred yards north of the church is a holy well dedicated to Naomh Bréanainn and, nearby, an unusual two-storey dwelling (perhaps late sixteenth or seventeenth century), known as Fothrach Bréanainn (St. Brendan's or the Priest's House). No history is attached to it, but it may have been the clerical residence for the local priest, who may have been able to build it with alms donated by pilgrims to his church. In a field less than two hundred yards north-west of the church is another building dedicated to Naomh Bréanainn, this time an oratory of Gallarus type, but here the upper part of the long sides have collapsed, demonstrating how lucky we are to still have Sáipéilín Ghallarais intact. Lying up against a wall on the far side of the main road is a bullaun, a stone with a number of man-made cavities probably designed to hold water for use in blessing and in the curing of various ailments. Another, smaller example, is preserved across a stile to the north of the graveyard.

The view from Cill Maolchéadair out over Cuan Ard na Caithne and to the Atlantic Ocean beyond, with Ceann Sibéal and An Triúr Deirféar in between, is one of the unforgettable sights of the Corca Dhuibhne peninsula, occasionally enlivened further by the presence of foreign fishing boats joining the local craft taking shelter in the harbour from Atlantic storms. The hill slope to the south-west marks the line of a major East/West-trending fault in the underlying bedrock. The slope (fault line escarpment) was probably formed by the area to the north being dropped down in the relatively recent geological past (10-20 million years ago in the Late Tertiary Age). Small hummocks on the slope and at its foot are old landslides. This shows that the fault movement was relatively recent because landslides and running water would have destroyed the whole escarpment if it were older than about 10-20 million years old.

M Cnoc Rinn Chonaill (Reenconnell Hill)

Ling Heather (*Richard Mills*)

Heading north-eastwards from Cill Maolchéadair towards Cnoc Bréanainn is the remains of an old sunken road two to three yards wide with a seemingly cobbled base which, if not a purely natural feature, may represent part of the paving of the old pilgrimage road. The beautiful stone-walled grassland in the vicinity is dominated by holcus, purple moor and bent grass, as well as gorse and ling heather. The heath between Cill Maolchéadair and Corráilí (N below) is dominated by ling heather, and includes tormentil, common bent, sheep's fescue and purple moor grass. At the crest of the ridge of Rinn Chonaill, the bedrock is exposed and is formed of alternating layers of red sandstone and pebbly sandstone which slopes to the south-east, and this area may have been the source of much of the stone used in Cill Maolchéadair church. The view of the landscape to the west is of great interest. Cuan Ard na Caithne and the low land south of it represent a huge scoop-shaped valley which has been partially drowned by the sea. Such valleys are found nowadays only in semi-arid mountainous areas such as Death Valley in California, where land-slides rather than river erosion have eaten back into mountain ranges. This suggests that we are looking at the remains of an ancient landscape which probably formed in the semi-arid climate of about 10-20 million years ago (Late Tertiary Age).

Of equal interest is the landscape to the north. Here again, the major feature is a scoop-shaped valley facing out to sea but in this instance, meeting it along the sharp cliffs around Cuas an Bhodaigh. The valley floor is clearly higher than the one to the west around Cuan Ard na Caithne. This is part of a pattern in the peninsula's geology whereby the scoop-shaped valleys become progressively lower and more drowned by the sea the farther west they lie, indicating that the whole peninsula has been tilted down to the west since these late Tertiary-period valleys formed. Com an Lochaigh to the north-east is a fine example of a valley deepened by a glacier, giving it a U-shaped profile with 'hanging valleys' left by smaller feeder glaciers on its eastern side.

The green fields around Baile an Lochaigh village are on well-drained deposits of sand and gravel, marking the position of the glacier's snout (terminal moraine) some 14,000 years ago. The fields on the valley floor below lie on relatively well-drained sand and gravel, which forms a major fan-shaped lens sloping down to the sea around Baile na nGall. This is a major delta formed by sediment washed out from Com an Lochaigh glacier into the sea, which covered the ground below at that time. Further away, another delta with its green field cover can be seen fanning out from the Ballinknockane valley towards Baile na nGall. This deposit of sand and gravel would have come from a melting glacier in the Ballinknockane valley.

N **Corráilí (Currauly)**

The early ecclesiastical site of Corráilí must have functioned in connection with the pilgrimage to Cnoc Bréanainn, although its path passes around the opposite side to the entrance. Here, a stone wall or cashel encloses a beehive hut, a leacht (ancient stone platform), a broken cross-inscribed stone and a number of grave-markers that possibly commemorate unbaptised children. Outside the circular stone wall there are two further ruined beehive huts, one with an underground passage known as a souterrain. As is so often the case on the Corca Dhuibhne peninsula, historical records tell us nothing of its story.

Corráilí, cross-inscribed stone *(Ted Creedon)*

Gaeltacht

The Gaeltacht is the term used to refer to those areas of Ireland where the Irish language (gaeilge) is still spoken as a community language, and its culture and traditions are very much alive and thriving. These Irish-speaking communities are scattered over seven counties and four provinces. Situated mainly along the Western seaboard, the Gaeltacht covers extensive parts of counties Donegal, Mayo, Galway and Kerry and also parts of counties Cork, Meath and Waterford. These areas present many varied and interesting holiday locations.

Each region possesses an environment rich with heritage and folklore, culture and traditions, and a strong sense of its own identity and uniqueness.

The Dingle Peninsula area of the Kerry Gaeltacht is known as Chorca Dhuibhne and is renowned for its rugged beauty, majestic rolling mountains, sparkling lakes, haunting woodlands and golden sandy beaches. The area is a treasure house of Pre-Christian and Early Christian sites and monuments.

The Irish language is the everyday language of the people, who switch from Irish to English with ease in a culture which finds expression in the music, songs and dance of the Gaeltacht.

Cill Maolchéadair *(Ted Creedon)*

Bibliography

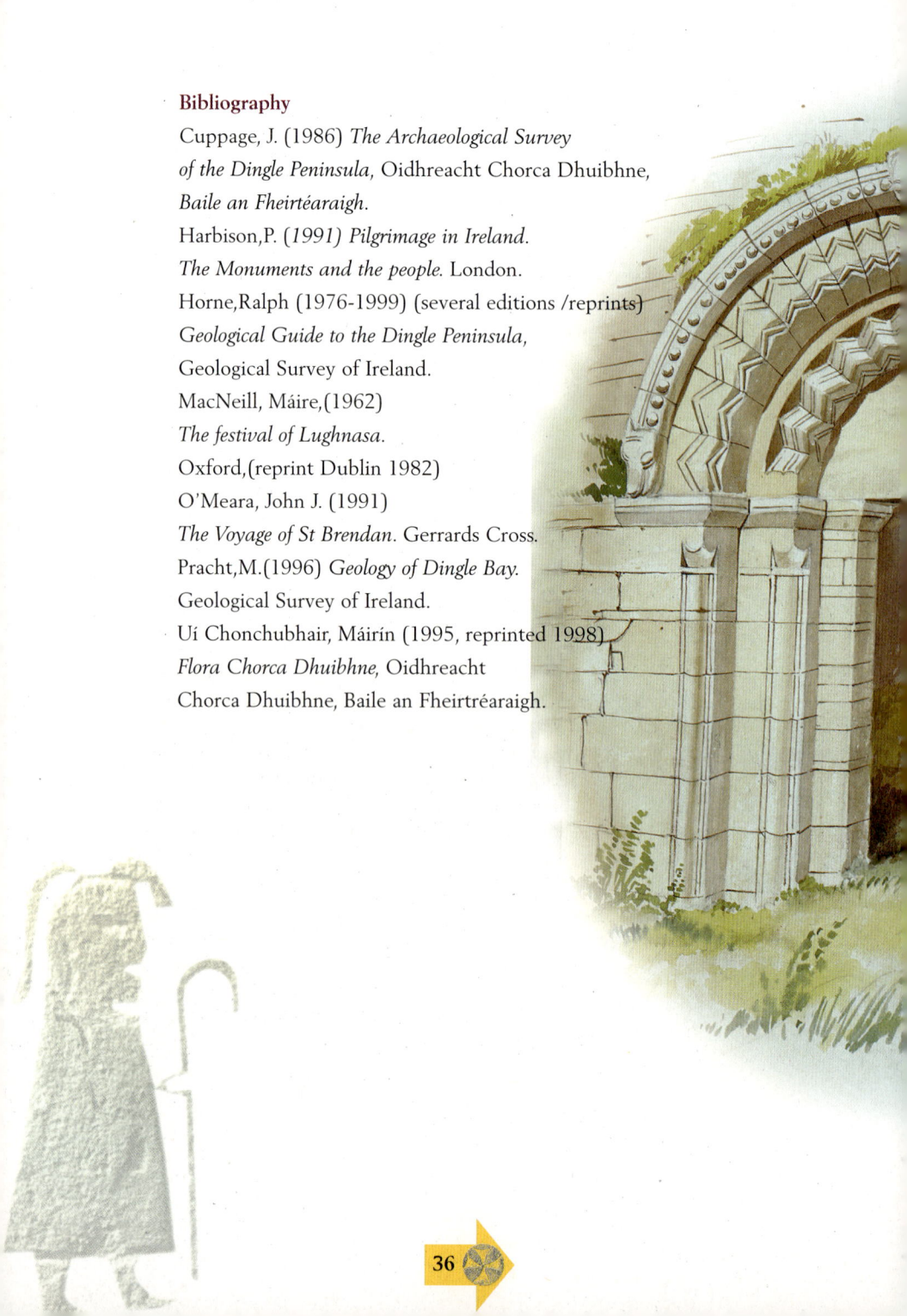

Cuppage, J. (1986) *The Archaeological Survey of the Dingle Peninsula*, Oidhreacht Chorca Dhuibhne, Baile an Fheirtéaraigh.

Harbison,P. *(1991) Pilgrimage in Ireland. The Monuments and the people.* London.

Horne,Ralph (1976-1999) (several editions /reprints) *Geological Guide to the Dingle Peninsula*, Geological Survey of Ireland.

MacNeill, Máire,(1962) *The festival of Lughnasa.* Oxford,(reprint Dublin 1982)

O'Meara, John J. (1991) *The Voyage of St Brendan.* Gerrards Cross.

Pracht,M.(1996) *Geology of Dingle Bay.* Geological Survey of Ireland.

Uí Chonchubhair, Máirín (1995, reprinted 1998) *Flora Chorca Dhuibhne*, Oidhreacht Chorca Dhuibhne, Baile an Fheirtréaraigh.

Acknowledgements:

The landowners through whose land the Cosán passes:

Mike Ó Grifin, Mícheál Ó Catháin, Pádraig Ó Laoithe, Máire Rós and Donal Ó Murchu, Pádraig Mac Ghearailt, Pádraig Ó Scannláin, Liam Ó Curráin, Seán Mac Ghearailt, Gabriel Ó Chíobháin, Peg Lovett, Pádraig Mac an tSaoir, Tomás Ó Mathúna, Seamus Ó Catháin, Mícheál Mac Ghearailt, Seán Ó Mathúna, Mícheál Mac Ginneá, Comharcumann Forbartha Chorca Dhuibhne / Údarás na Gaeltachta, Mícheál de Brún, Seamus Ó Cheileachair, Eilin Ní Mhuircheartaigh, Gerry Báicéir, Tomás Ó Conchúir, Muintir uí Mhurchú, Muintir Bhreathnach.

The people of the area who worked on the Cosán, under the auspices of the FÁS Community Employment Scheme, sponsored by Comharchumann Forbartha Chorca Dhuibhne - especially Páid Ó Muircheartaigh, Aodán Ó Conchúir, Séamus Ó Lúing, Tomás Ó Néill, Seán Ó Laoithe and Martin Curtin.
The local committee, under the chairmanship initially of Pádraig Ó Scanláin, Comhar Dhuibhne and then of T.P O Conchuir, Díseart – Institiúid Oideachais agus Cultúr Dúchais.
They are:

Tadhg Ó Coileáin, Kerry Archaeological and Historical Society, Maire Ní Mhainin, Udarás na Gaeltachta – Gaelsaoire, Máire Uí Shithigh, Oidhreacht Chorca Dhuibhne, Isabel Bennett, Músaem Chorca Dhuibhne, Diarmuid Ó Dalaigh, Díseart – Institiúid Oideachais agus Cultúr Dúchais, Claire Ní Ghealbhain, Comharchumann Turasóireachta Chorcha Duibhne, Joe Bric, Comharchumann Forbartha Chorca Dhuibhne. We would also like to thank Donncha Ó Conchúir, Msg. Pádraig Ó Fiannachta and Fr. Tomás Ó Caoímh, Baile an Fheirtéaraigh, member of the Heritage Council, for their help and support.

We also wish to acknowledge the help of Kerry County Council, particularly Martin Nowlan, County Manager, Kerry Barrett, Senior Staff Officer, Colm Mangan, former Area Engineer, Dingle, Eamonn Scanlon, Area Engineer, Dingle and the staff of the Dingle area office

NOTES

NOTAI

Buíochas:

Na húinéirí talún a ngabhann an Cosán trí na dtalamh:

Maidhc Ó Grifín, Mícheál Ó Catháin, Pádraig Ó Laoithe, Máire Rós agus Dónall Ó Murchu, Pádraig Mac Gearailt, Pádraig Ó Scannláin, Liam Ó Curráin, Seán Mac Gearailt, Gabriel Ó Cíobháin, Peig Lovett, Pádraig Mac an tSaoir, Tomás Ó Mathúna, Séamus Ó Catháin, Mícheál Mac Gearailt, Seán Ó Mathúna, Mícheál Mac Ginneá, Comharchumann Forbartha Chorca Dhuibhne / Údarás na Gaeltachta, Mícheál de Brún, Séamus Ó Céileachair, Eibhlín Ní Mhuircheartaigh, Gerry Báicéir, Tomás Ó Conchúir, Muintir Uí Mhurchú, Muintir Bhreathnach.

Pobal an cheantair a d'oibrigh ar an gCosán, faoi choimirce Scéim Fostaíochta Pobail FÁS, urraithe ag Comharchumann Forbartha Chorca Dhuibhne go háirithe Páid Ó Muircheartaigh, Aodán Ó Conchúir, Séamus Ó Lúing, Tomás Ó Néill, Seán Ó Laoithe agus Martin Curtin.

An coiste áitiúil, ar dtús faoi chathaoirleacht Phádraig Uí Scannláin, Comhar Dhuibhne, i dtosach báire agus ansin faoi chathaoirleacht T.P. Ó Conchúir, Díseart - Institiúid Oideachais agus Cultúir Dúchais. Is iad sin:

Tadhg Ó Coileáin, Cumann Seandálaíochta agus Staire Chiarraí, Máire Ní Mhainín, Údarás na Gaeltachta / Gaelsaoire, Máire Uí Shíthigh, Oidhreacht Chorca Dhuibhne, Isabel Bennett, Músaem Chorca Dhuibhne, Diarmuid Ó Dálaigh, Díseart – Institiúid Oideachais agus Cultúir Dúchais, Claire Ní Ghealbháin, Comharchumann Turasóireachta Chorcha Duibhne, Joe Bric, Comharchumann Forbartha Chorca Dhuibhne. Ba mhaith linn buíochas a ghabháil chomh maith le Donncha Ó Conchúir, leis an Mons. Pádraig Ó Fiannachta agus leis an Athair Tomás Ó Caoimh, Baile an Fheirtéaraigh & An Chomhairle Oidhreachta, as a gcabhair agus tacaíocht.

Is mian linn chomh maith cúnamh Chomhairle Contae Chiarraí a aithint, ach go háirithe an cúnamh a thug Martin Nolan, Bainisteoir Contae, Kerry Barrett, Oifigeach Foirne Sinsearach, Colm Mangan, iar-Innealtóir Cheantair, an Daingin, Eamonn Scanlon, Innealtóir Cheantair an Daingin agus foireann oifig cheantair an Daingin.

Chiarraí agus tá cáil air dá scéimh gharbh, sléibhte droimneacha maorga, lochanna glioscarnaí, coillearnacha taibhseacha agus tránna gainmheacha órga. Is áit mhaoine de láithreacha agus séadchomharthaí Réamh-Chríostaí agus Luath-Chríostaí é an ceantar.

Is í an Ghaeilge gnáth-theanga laethúil an phobail, a athraíonn ó Ghaeilge go Béarla go furasta i gcultúr ina bhfaightear mothú i gceol, amhráin agus rince na Gaeltachta.

Bibleagrafaíocht

Cuppage, J. (1986) *Archaeological Survey of the Dingle Peninsula*, Oidhreacht Chorca Dhuibhne, Baile an Fheirtéaraigh.

Harbison, P. *(1991) Pilgrimage in Ireland. The Monuments and the people.* Londain.

Horne, Ralph (1976-1999) (roinnt eagrán/athchlónna) *Geological Guide to the Dingle Peninsula,* Suirbhéireacht Gheolaíochta na hÉireann.

MacNeill, Máire, (1962) *The Festival of Lughnasa.* Oxford, (athchló Baile Átha Cliath 1982).

O'Meara, John J. (1991) *The Voyage of St Brendan.* Gerrards Cross.

Pracht, M.(1996) *Geology of Dingle Bay.* Suirbhéireacht Gheolaíochta na hÉireann.

Uí Chonchubhair, Máirín (1995, athchló 1998) *Flora Chorca Dhuibhne*, Oidhreacht Chorca Dhuibhne, Baile an Fheirtéaraigh.

Corráilí, cloch chros-inscríofa (*Ted Creedon*)

An Ghaeltacht

Úsáidtear an téarma Gaeltacht chun tagairt do na ceantair sin in Éirinn ina labhraítear an Ghaeilge fós mar theanga an phobail, agus ina bhfuil cultúr agus traidisiúin beo beathach. Tá na pobail labhartha Gaeilge sin scaipthe ar fud seacht gcontae agus ceithre chúige. Suite feadh chósta an Iarthair go príomha, clúdaíonn an Ghaeltacht páirteanna fairsinge de chontaetha Dhún na nGall, Mhaigh Eo, na Gaillimhe agus Chiarraí agus ina theannta sin páirteanna de chontaetha Chorcaí, na Mí agus Phort Láirge. Soláthraíonn na ceantair sin ionaid saoire atá éagsúil agus spéisiúil. Ag gach réigiún tá timpeallacht lán-oidhreachta agus béaloideasa, cultúir agus traidisiún, agus mothú láidir ionannais agus uathúlachta.

Tugtar Corca Dhuibhne ar limistéar Leithinis an Daingin de Ghaeltacht

mar Ghleann an Bháis i gCalifornia, áit a bhfuil sciorrthaí talún seachas creimeadh abhann i ndiaidh páirteanna de raonta sléibhe a chreimeadh. Tugann sé sin le fios go bhfuilimid ag féachaint ar fhuíoll tírdhreacha ársa a foirmíodh is dócha san aeráid leath-thur de 10-20 milliún bliain ó shin (sa Ré Threasach dhéanach).

Chomh spéisiúil céanna atá an tírdhreach ó thuaidh. Anseo arís, is í an phríomhghné ná gleann i gcruth buicéid lena aghaidh ar an bhfarraige ach sa chás seo teagmhaíonn sé léi feadh na n-aillte géara timpeall ar Chuas an Bhodaigh. Tá íochtar an ghleanna níos airde go soiléir ná an ceann siar timpeall ar Chuan Ard na Caithne. Is cuid de phatrún i ngeolaíocht na Leithinse é sin ina n-éiríonn na gleannta i gcruth buicéid níos ísle de réir a chéile agus níos slogtha ag an bhfarraige dá fhad siar a luíonn siad, rud a thugann le fios go bhfuil claonadh anuas sa treo siar imeartha ar an Leithinis ina iomláine ón uair a foirmíodh gleannta seo na Ré Treasaí déanaí.

Is sampla breá é Com an Lochaigh soir ó thuaidh de ghleann doimhnithe ag oighearshruth, rud a thugann próifíl U-chruthach dó le 'gleannta crochta' fágtha ag oighearshruthanna fritheálacha ar an taobh thoir de. Tá na goirt ghlasa timpeall ar shráidbhaile Bhaile an Lochaigh suite ar shil-leaganacha deadhraenáilte gainimh agus gairbhéil, ag comharthú suíomh an tsoic oighearshrutha (moiréan tosaigh) 14,000 éigin bliain ó shin. Luíonn na goirt ar íochtar an ghleanna ar ghaineamh agus gairbhéal atá réasúnta dea-dhraenáilte, rud a fhoirmíonn mórlionsa i gcruth gaothráin ag claonadh anuas go dtí an fharraige timpeall ar Bhaile na nGall. Is mórdheilt é sin foirmithe ag dríodar a sruthlaíodh amach as oighearshruth Chom an Lochaigh isteach san fharraige, a chlúdaigh an talamh laistíos an tráth sin. Níos faide uaidh sin, feictear deilt eile lena clúdach gort glas ag leathadh amach ó ghleann Bhaile Chnocáin i dtreo Bhaile na nGall. Bheadh an sil-leagan gainimh agus gairbhéil sin tagtha ó oighearshruth leá i ngleann Bhaile Chnocáin.

Ⓝ Corráilí

Caithfidh go raibh láithreán eaglaise Chorráilí ag feidhmiú i gcomhar leis an oilithreacht chuig Cnoc Bréanainn, cé go ngabhann a bealach timpeall ar an taobh thall den bhealach isteach. San áit seo, imfhálaíonn balla cloiche nó caiseal clochán, leacht, cloch chros-inscríofa bhriste agus roinnt comharthaí uaighe a d'fhéadfadh a bheith i gcuimhne páistí gan bhaisteadh. Lasmuigh de bhalla cloiche ciorclach tá dhá fhothrach clocháin eile, a bhfuil pasáiste faoi thalamh ag ceann acu ar a dtugtar uaimh thalún. Mar a tharlaíonn go rómhinic ar Leithinis Chorca Dhuibhne, ní insíonn na taifid ar an stair aon ní dúinn faoina scéal.

milliún bliain ó shin sa Ré Threasach dhéanach). Is seansciorrthaí talún iad maoileanna beaga ar an bhfánán. Taispeánann sé sin nár tharla an ghluaiseacht éisc chomh fada sin ó shin, mar go mbeadh sciorrthaí talún agus uisce reatha i ndiaidh an scairp iomlán a scriosadh dá mbeadh sé níos sine ná 10-20 milliún bliain ó shin.

(M) Cnoc Rinn Chonaill

Fraoch Mór (*Richard Mills*)

Ag tabhairt aghaidhe soir ó thuaidh ó Chill Maolchéadair i dtreo Chnoc Bréanainn tá fothrach seanbhealaigh shlogtha dhá nó trí shlat ar leithead le bonn duirleog, de réir dealraimh, a d'fhéadfadh - mura gné nádúrtha amháin é - a bheith ina chuid de phábháil an tseanbhealaigh oilithreachta. San fhéarach álainn, clochfhálaithe ar na gaobhair faightear go flúirseach féar an chinn bháin, fionnán agus beinteach, chomh maith le haiteann agus fraoch mór. Go flúirseach sa fhraochmhá idir Cill Maolchéadair agus Corráilí (N thíos) faightear fraoch mór, agus faightear chomh maith néalfartach, beinteach choiteann, feisciú caorach agus fionnán.

Ag mullach dhroim Rinn Chonaill tá an bhuncharraig nochta agus tá sí foirmithe de chisil chomhthrasnacha de ghaineamhchloch rua agus gaineamhchloch dhuirlinge a théann le fána soir ó dheas, agus d'fhéadfadh sé go raibh an limistéar sin ina fhoinse do chuid mhaith den chloch a úsáideadh in eaglais Chill Maolchéadair. Ábhar mórspéise é an radharc ar an tírdhreach siar. Is é atá i gCuan Ard na Caithne agus an talamh íseal laisteas de ná gleann ollmhór i gcruth buicéid atá slogtha i bpáirt ag an bhfarraige. Ní fhaightear gleannta dá leithéidí sa lá atá inniu ann ach i limistéir shléibhteacha leath-thura

Fothrach Bréanainn (*G.V. Du Noyer, Acadamh Ríoga na hÉireann*)

Cúpla céad slat lastuaidh den eaglais tá tobar beannaithe atá tiomnaithe do Naomh Bréanann agus, in aice láimhe, tá áit chónaithe neamhghnách dhá stór (ón séú nó ón seachtú haois déag?), ar a dtugtar Fothrach Bréanainn (nó Teach an tSagairt). Níl aon stair ag gabháil leis, ach d'fhéadfadh sé gurbh é a bhí ann ná áit chónaithe chléiriúil don sagart áitiúil, a bhí in ann é a thógaint b'fhéidir le déirc a thug oilithrigh dá eaglais. I ngort nach mó ná dhá chéad slat siar ó thuaidh den eaglais tá foirgneamh eile atá tiomnaithe do Naomh Bréanann - sáipéilín de chineál Ghallarais an uair seo, ach tá an pháirt uachtair de na taobhanna fada tite anseo, rud a thaispeánann a ámharaí atáimid go bhfuil Sáipéilín Ghallarais slán i gcónaí. Ina luí in aghaidh balla ar an taobh thall den phríomhbhóthar tá bollán, cloch le roinnt cuas déanta ag an duine atá ceaptha chun uisce a choinneáil le húsáid don choisreacan agus chun breoiteachtaí éagsúla a leigheas. Tá sampla eile, ach níos lú, caomhnaithe thar dhreapa lastuaidh den reilig.

Tá an radharc ó Chill Maolchéadair amach thar Chuan Ard na Caithne agus go dtí an tAigeán Atlantach thall, le Ceann Sibéal agus an Triúr Deirféar eatarthu, ar cheann de na radhairc is dodhearúdta ar Leithinis Chorca Dhuibhne. Cuirtear leis an radharc ó am go chéile nuair a thagann báid iascaireachta ó thar lear i measc na mbád áitiúla ar thóir fothana sa chuan ó stoirmeachan Atlantaigh. Tá an fánán cnoic siar ó dheas ina chomhartha de líne an mhóréisc Thoir/Theas sa bhuncharraig. Is dócha go raibh an fánán (an scairp éasclíne) foirmithe ag an limistéar ó thuaidh bheith íslithe san am atá caite (10-20

neamhghnách stílithe. Faightear tiompán chomh maith ag Séipéal Chormaic ag Caiseal i gContae Thiobraid Árann, a bhí mar ionsparáid, b'fhéidir, don mhaisiú painéalta ar an mballa istigh den chorp nuair a tógadh an eaglais timpeall ar lár an dara haois déag. Léiríonn sé sin go raibh ceantar thiar Leithinis Chorca Dhuibhne ag déanamh de réir na bhforbairtí ailtireachta is déanaí i gceannchathair an chúige a bhfuil sé mar chuid de, Cúige Mumhan. Is é atá sa chórlann láithreach ná leathnú ar chuas altóra bunaidh, a raibh díon cloiche orthu araon, mar a bhí ar chorp na heaglaise chomh maith, múnlaithe ar Shéipéal Chormaic b'fhéidir. I measc na ngnéithe atá ag Cill Maolchéadair i gcónaí ó eaglaisí is sine na hÉireann áirítear na antae, mar a thugtaí ar fhairsingithe na mballaí fada thuaidh agus theas amach thar an mbinn, agus d'fhéadfadh an chros agus an ornáid bhuaice ar bharr na mbeann bheith ina gcomhartha de thraidisiúin áitiúla á leanúint. Tá úsáid bainte as an iliomad cineálacha cloch ón gceantar máguaird chun éifeacht pholacrómatach a chruthú i saoirseacht chloiche dea-dhathach na heaglaise - gaineamhchlocha rua agus glasa ach go háirithe, le riailít scoilte á húsáid do dhealbhóireacht an dorais.

Laistigh agus lasmuigh den eaglais araon tá roinnt tuamaí móra teaghlaigh den saghas a fhaightear i bpáirteanna de Chontae Chiarraí, cé go bhfaightear a leithéid go hócáideach lasmuigh dá theorainneacha. Ina luí in aghaidh áirse na córlainne tá cloch chrosmhaisithe ar a bhfuil aibítir Sean-Ghaeilge greanta ar thaobh amháin, a théann siar chomh fada leis an séú nó an seachtú haois, dar le daoine áirithe. Laistigh de bhallaí na reilige, tá méid 'trealaimh' ársa inspéise. Dóibh sin a thagann thar an dreapa chun rochtain a fháil ar an áit, is é an chéad rud a dtiocfaidh siad air ná clog gréine deartha go healaíonta (ón dara haois déag?) le cros stuanna ar a chúl. Níos gaire don eaglais tá cloch Oghaim, ag iarraidh paidreach le hanam 'Maile Inbir', ainm nach bhfuil taifeadta aon áit eile i leabhair na staire. Tá clocha Oghaim, a théann Siar go dtí aoiseanna luatha na Críostaíochta in Éirinn, agus roimhe sin fiú, scríofa i script nó eochair eangaí go díreach nó fiarthrasna thar líne láir arb é atá inti de ghnáth ná éadan díreach uilleach ar an gcloch. Is é atá iontu ná an fhoirm scríbhinne is túisce sa Ghaeilge agus is foinse bróid é do chónaitheoirí na Leithinse a chaomhnaíonn an teanga chomh dúthrachtach sin a aithint go bhfuil a leithinis, limistéar atá fíorbheag go geografach, i ndiaidh isteach is amach leis an séú cuid de na clocha Oghaim go léir atá ar marthain, go bhfios, ó Éirinn anallód a sholáthar. Tá poll ar bharr na cloiche Oghaim ag Cill Maolchéadair, ach níl taifead ar an gcuspóir a bhí leis an bpoll sin. I dteannta leis an gcloch Oghaim, tá cros chloiche atá simplí ach éifeachtach le limistéar cothrom ardaithe ag gabhal na ngéag agus na coise.

K Fothrach an tSainsiléara

Sa bhaile fearainn céanna de Chathair Deargáin, agus níos gaire fiú do Chill Maolchéadair, tá Fothrach an tSainsiléara - fothrach foirgnimh fhada dhronuilleogaigh atá roinnte ina dhá sheomra, agus le hoscailt oighinn amach as ceann acu. Ba é seo tigh Sheansailéirí leanúnacha Dheoise Ard Fhearta (a bhfuil cuid mhaith díobh luaite as a n-ainm i ndoiciméid stairiúla an cúigiú haois déag), a raibh reachtaireacht Chill Maolchéadair acu ar cheann dá dtuarastail nó stipinní. Tá ráth, nó lios, láimh le teach feirme sa bhaile fearainn in aice láimhe de Chathair Deargáin Theas.

L Cill Maolchéadair

Níl aon dabht ach gurb é Cill Maolchéadair an láithreán eaglaise is tábhachtaí ar Leithinis Chorca Dhuibhne. Tá an eaglais tiomnaithe do Naomh Maolchéadair a cailleadh i 616, agus ní do Naomh Bréanann, pátrún teidealach na hoilithreachta, ag tabhairt le fios gur mhair cion na ndaoine sa cheantar air cé gur ghabh oilithreacht a bhí tiomnaithe do naomh eile tríd an láithreán.

Is í an eaglais an píosa láir. Is eaglais coirp agus córlainne í a tógadh i stíl Rómhánúil an dara haois déag, a chuireann an méid sin in iúl i ndeilbhiú agus maisiú an dorais thiar agus san áirse a dheighleann corp na heaglaise agus an chórlann. Gné neamhghnách d'Éirinn ná gur ann do thiompán leathchruinn laistigh d'áirse an dorais, atá ornáidithe ar an taobh istigh le ceann ainmhí

Cill Maolchéadair (*G.V. Du Noyer, Acadamh Ríoga na hÉireann*)

oscailte, seascann giolcach agus féarach le chéile, agus tá an féarach sin ar bhun, go dtí go dteagmhaíonn an dá thaobh ag an mbarr, ag foirmiú cuar parabólach a chinntíonn aistriú cruthúil ó bhalla go díon gan aon bhriseadh uilleach eatarthu. Tá an tsaoirseacht chloiche d'ardcháilíocht, tar éis di aimsir na hÉireann agus na mílte cuairteoir gan áireamh feadh na mblianta a sheasamh, cé go bhfuil an pháirt is dóichí a thitfidh - lár an taoibh fhada - ag léiriú loig, faraor. Tá fuinneog bheag cuarbhairr thoir ann, agus ó thús bhí an bealach isteach a chúngaíonn de réir mar a théann sé in airde dúnta ní ag doras ach ag clár lúdraí a d'oscilaítí isteach agus in airde ag luascadh ar inse adhmaid atá caillte le fada os cionn an dorais. As dhá dhosaen samplaí, nach mór, de sháipéilíní dá leithéidí, níl an díon slán ach ar an gceann seo - agus ar an dá cheann ar Sceilg Mhichíl - rud ar moladh é don mháistirshaor a thóg é. Tiocfaimid ar cheann eile in aice láimhe ag Cill Maolchéadair agus lasmuigh de Chiarraí tá an chuid is mó díobh le fáil ar chósta iarthair na hÉireann chomh fada ó thuaidh le Maigh Eo, áit ar deineadh sampla breise, de réir dealraimh, a thochailt le déanaí ar bharr Chruach Phádraig, Sliabh Beannaithe na hÉireann, rud a chuireann leis an dóchúlacht gur ceart go ndéanfaí sáipéilíní 'bádchrutha', mar a deirtear, dá leithéidí a nascadh le hoilithreacht. Lasmuigh d'Éirinn, tá eolas ar fhoirgnimh de chineál comhchosúil ar an dá thaobh den mhasaíf Alpach - na Bories ag Gordes (Vaucluse) i Provence agus na Glattjochkapelle in Steiermark (an Ostair) - ach tá a nasc le Gallaras éiginnte. Mar atá leis an gcuid is mó séadchomharthaí seandálaíochta ar Leithinis Chorca Dhuibhne, ní féidir dáiríre eolas údarásach a thabhairt faoin uair a tógadh Gallaras. Tá dátaí a luaitear leis sa réimse ón seachtú haois go dtí an dara haois déag.

I Caisleán Ghallarais

Daingean dronuilleogach ceithre stór atá á chaomhnú le déanaí is ea an túrtheach seo. Ón gcúigiú haois déag atá sé is dócha, tógtha go daingean ag na Gearaltaigh, sealbhóirí Normannacha an limistéir ar feadh na gcéadta bliain, a bhí ina gcónaí ann fós i 1688, de réir dealraimh.

J Cathair Deargáin

Ag Cathair Deargáin, atá suite 600 slat ó eaglais thábhachtach Chill Maolchéadair a phléitear anseo thíos díreach (L), tá dhá ghráig foirgneamh thábhachtacha. Is é atá sa cheann is sine díobh ná balla cloiche nó caiseal ciorclach a iann ceithre chlochán, atá comhcheangailte i bpáirt, suite i mbaile fearainn Chathair Deargáin Thuaidh. Ar nós liosanna, is é a bhí i gcaisil ná áitreabh feirmeoirí saibhre le linn na Ré Luath-Chríostaí.

oscailte, seascann giolcach agus féarach le chéile, agus tá an féarach sin ar mhórán magairlíní. Soláthraíonn an ghnáthóg speisialta seo baile geimhridh do chromán na gcearc, meirliún, lapairí agus lacha. Cothaíonn cág cosdearg ar na feithidí i móinéir na mbó agus déanann fiacha dubha patról ar na dumhcha.

Is é atá sna creaga carraige uaineacha, le heang ag a mbun, ná seanstaiceanna mara a sholáthraíonn fianaise gur chumhdaigh an fharraige an limistéar cothrom seo tráth. Ó thús, luigh seanghrinneall na farraige 120 méadar, nó breis is 350 troigh, níos ísle ná mar a luíonn sé sa lá atá inniu ann, agus ba é leá na n-oighearshruthanna 20,000 éigin bliain ó shin a lig dó ardú go dtí a airde láithreach os cionn leibhéal na mara. Caithfidh go raibh an t-ardú tapa mar, ag Baile na nGall in aice láimhe, tá sil-leagan duirlinge stoirme ar an dromchla atá forleagtha le gairbhéal rua a thaispeánann patrúin de phurláin ailínithe go hingearach atá déanta ag leá samhraidh d'ithir aeráide tundra a foirmíodh 9,000 bliain ó shin ar a laghad.

H Sáipéilín Ghallarais

Sáipéilín Ghallarais (*Ted Creedon*)

Is é an sáipéilín tirmchloiche ag Gallaras an séadchomhartha ársa is cáiliúla sa Leithinis agus atá luaite ag mórán filí, Séamus Heaney ina measc. Gan úsáid a bhaint as moirtéal, tógadh sa teicníocht coirbéil é - cloch amháin suite in airde ar chloch eile, gach ciseal á shuíomh níos gaire do líne láir ná an ciseal faoina na hoilithreachta go maorga timpeall an bhaile fearainn ó thuaidh. Tugadh fiúise isteach anseo ó Mheiriceá Theas sna 1930idí, agus tá rath chomh mór sin i ndiaidh a bheith uirthi go bhfuil a bláth rua sleabhctha tagtha chun bheith ina shiombail bhláthach den leithinis, ag feidhmiú mar lógó de chriadóireacht áitiúil atá chomh handúchasach céanna. Ach tá comharsana bláfara ag an bhfiúise san fhál sceach - raithneach ríúil, meas torc allta agus Cabáiste an Mhadra Rua, mar shampla. Is é an cabáiste ceann de ghrúpa beag plandaí nach bhfaightear ach i réigiún na Meánmhara agus sna codanna ó thuaidh den Spáinn agus den Phortaingéil. Sa flora an-ilghnéitheach a fhaightear feadh na roinne seo den bhealach áirítear cuid mhaith speiceas coillearnaí a thugann le fios, gan dabht, gur bealach ársa é seo. Tá roinnt seanghort lán le raithneach agus scrobarnach a sholáthraíonn sárghnáthóg do chaislín cloch (Máirín an triúis agus Donncha an chaipín), Seis nó ceolaire cíbe, dreoilín, lon dubh agus gleoiseach (gealbhan lín), éin a bhaineann macalla as an spéir sa samhradh lena gceol.

Agus tú ag trasnú an phríomhbhóthair gabhann tú thar Scoil Leataoibh, Scoil Náisiúnta Naomh Íde ar thaobh na láimhe deise, a osclaíodh sa bhliain 1914 agus a dúnadh le linn na 1960idí. Freastalaíonn páistí áitiúla ar scoil i mBaile an Fheirtéaraigh anois.

Ó thaobh geolaíochta de, is ábhar mór spéise iad fánáin ó thuaidh Leataoibh Mór. Lastuas de chosán amháin tá mór-éasc a ghearrann tríd an mbuncharraig, agus cailleadh an limistéar siar uaidh feadh an éisc sin 10-20 milliún bliain ó shin. Níos faide ó thuaidh feadh na scairpe tá aill ghairbhéil ar a bhfaightear bloghanna uilleacha gaineamhchloiche daingnithe i láib, gné a thugann le fios gur foirmíodh í in aeráid de chineál tundra Artaigh nuair a leánn an talamh reoite agus sreabhann nó sciorrann sí le fána. Léiríonn maoileanna beaga ar fhánán an chnoic sciorrthaí talún nuair a leáigh an t-oighear ón limistéar 14,000 éigin bliain ó shin.

F) Teampall na Cluanach

Is é atá i dTeampall na Cluanach ná imfhálú eaglasta beag ar thalamh príobháideach, ina bhfaightear fothrach sáipéilín agus eaglais atá beagán níos mó. In éineacht le clocháin atá ina bhfothraigh chomh maith, faightear dhá philéar chros-inscríofa a d'fhéadfadh dul siar chomh fada leis an naoú haois, mar go bhfuil dealramh spéisiúil aige le cros-siombail an mhór-impire Charlemagne.

G) An machaire gar do Mhuiríoch

Limistéar íseal gainmheach gar do Mhuiríoch, agus nach bhfuil chomh fada ón gcosán oilithreachta, é an machaire ag a bhfuil dumhcha laistiar den trá a chothaíonn muiríneach agus cuileann trá. Níos faide ón muir, cumascann uisce cruthúnas níos fearr a d'fhéadfá a fháil gur úsáid oilithrigh an láithreán seo, chun oíche a chaitheamh b'fhéidir, nó díreach chun paidir a rá os comhair na croise sula dtéidís níos faide ar aghaidh feadh an chosáin. Ag bun an bholláin tá cloch bheag chuasach ar a dtugtar bullán, a líontaí le huisce tráth is dócha chun go ndéanfadh daoine iad féin a choisreacan.

C Ráth Sheanáin

Suite ar thalamh príobháideach (áit nach maith leis na húinéirí treaspásóirí) ach an-fheiceálach ón mbóthar, is é Ráth Sheanáin ceann de na láithreáin chaisleáin is suntasaí ar an leithinis. Laistigh de ráth - imfhálú tís ón meánaois luath arb éard atá ann ná dhá charnán cré deighilte ag díg leathan - faightear túrtheach dronuilleogach trí stór, a bhfuil an balla thoir de tite le roinnt céadta bliain. Creatlach sonraíoch é an túr ar dócha gur thóg Gearaltach Ridire Chiarraí é thart ar an gcúigiú haois déag agus, cé gur scriosadh le linn cogaí Chromail é, d'fhéadfadh sé gur baineadh úsáid as mar áit chónaithe teaghlaigh níos lú go dtí an ochtú haois déag.

D Leataoibh Beag

Soláthraíonn speir thiar theas Leataoibh Beag, an cnoc ó thuaidh de Chill na gColmán, radhairc lánléargais ó dheas thar Chuan Fionntrá, agus chomh fada le dhá oileán Sceilg chomh maith - Sceilg Mhichíl agus An Sceilg Bheag - a ardaíonn go drámatúil as an bhfarraige tríocha éigin míle ó dheas-siar ó dheas. Agus aghaidh á tabhairt ó thuaidh i dtreo Chuan Ard na Caithne, claonann cruinneachán i gcruth gaothráin i dtreo tonnta an aigéin - gné a léiríonn mais ghainimh agus ghairbhéil sil-leagtha ag abhainn a ritheann ó thuaidh ó liopa oighir isteach san fharraige a luigh thar an limistéar idir 20,000 agus 14,000 bliain ó shin.

E Bun thuaidh Leataoibh Beag agus Leataoibh Mór

Scaireann an chuid seo den mbóthar bun chnoc Leataoibh Beag agus Leataoibh Mór ón má leathan a shíneann amach i dtreo Chuan Ard na Caithne. Cruthaíonn na sceacha fiúise atá ar thaobh an chosáin camcuairt Chuan Ard na Caithne, cruthaíonn na sceacha fiúise atá ar thaobh an bhealaigh camchuairt bhreá de réir mar a chuarann cosán

Caislín Cloch (*Richard Mills*)

III. Nótaí Mionsonraithe faoi Áiteanna a dtugtar cuairt orthu nó nithe a fheictear ar an tslí

A Tráigh Fionntrá

Tá Tráigh Fionntrá ag tús an chosáin oilithreachta, díreach mar a bhí míle bliain nó níos mó ó shin gan dabht. Is é fócas geallta bád Fionntrá é go luath sa samhradh, nuair a théann foirne in iomaíocht le chéile i naomhóga - árthaí fíor-éadroma rámhaíochta atá clúdaithe le canbhás - agus is ceart dúinn oilithrigh na seanbhád cladaigh a shamhlú ar an bhfairsinge mhór gainimh, á n-ullmhú féin don bhealach oilithreachta naoi míle go barr Chnoc Bréanainn.

Lóma Mór (Richard Mills)

Sa tseanlitríocht, is ag an trá seo a bhí an comhrac miotasach ar a dtugtar Cath Fionntrá, inar sháraigh an laoch mór Fionn Mac Cumhaill 'Impire an Domhain go léir seachas Éire'. Sa lá atá inniu ann, tá an trá agus na dumhcha mar fhócas d'ionad saoire sa samhradh, le cuid mhaith turasóirí agus carbhán. Sa gheimhreadh soláthraíonn an cuan iasc don lóma mór agus don lóma rua, agus cothaíonn an trá an iliomad lapairí mar luathrán agus feadóg chladaigh chomh maith le cadhain. Is ionaid thábhachtacha seilge iad na riasca do Chromán na gCearc agus tugann siad fothain d'Éigrit Bheag go minic.

Cromán Cearc (Richard Mills)

B Cill na gColmán

Is é atá i gCill na gColmán, i mbaile fearainn Mhám an Óraigh, ná láithreán i lár goirt (déan deimhin de go ndúnann tú an geata i do dhiaidh), agus faightear ann imfhálú cré ciorclach. Is í an phríomhghné atá aige ná bollán mór atá maisithe le cros stuanna ciorclaithe agus cros eile níos lú leis na géaga ar cóimhéid, iad araon frámaithe le hinscríbhinn in Ogham na Sean-Ghaeilge, a iarrann paidir ar son Cholmáin oilithreach - agus cén

Cill na gColmán (Ted Creedon)

thar Chathair Deargáin (J), caiseal, agus níos faide ar aghaidh, ar thaobh na láimhe clé, thar fhoirgneamh dronuilleogach ar a dtugtar Fothrach an tSainsiléara (K). In aice láimhe tá an láithreán eaglaise is tábhachtaí feadh an chosáin go léir - Cill Maolchéadair (L), lena eaglais Rómhánúil, cloch Oghaim, clog gréine, bollán, tobar beannaithe, Teampaillín Bréanainn agus Fothrach Bréanainn. Á leanúint thar Chnoc Rinn Chonaill (M), tá an radharc ón mbarr dochreidte, an radharc siar ag féachaint thar an sárchoire de Chuan Ard na Caithne, fad a bhaineann an tsúil soir ó thuaidh taitneamh as radharc ar Chom an Lochaigh i dtreo sprioc an oilithrigh - Cnoc Bréanainn. Gabhann an féarach ar Rinn Chonaill síos go dtí Corráilí (N), imfhálú a ngabhann an cosán timpeall air agus ina bhfaightear clochán agus cros bhriste.

Ar deireadh, tagann ár mbealach chun scríbe sa charrchlós ag Baile Breac, áit ar féidir leis an siúlóir an oilithreacht a leanúint go dtí an bhinn - ar a p(h)riacal féin.

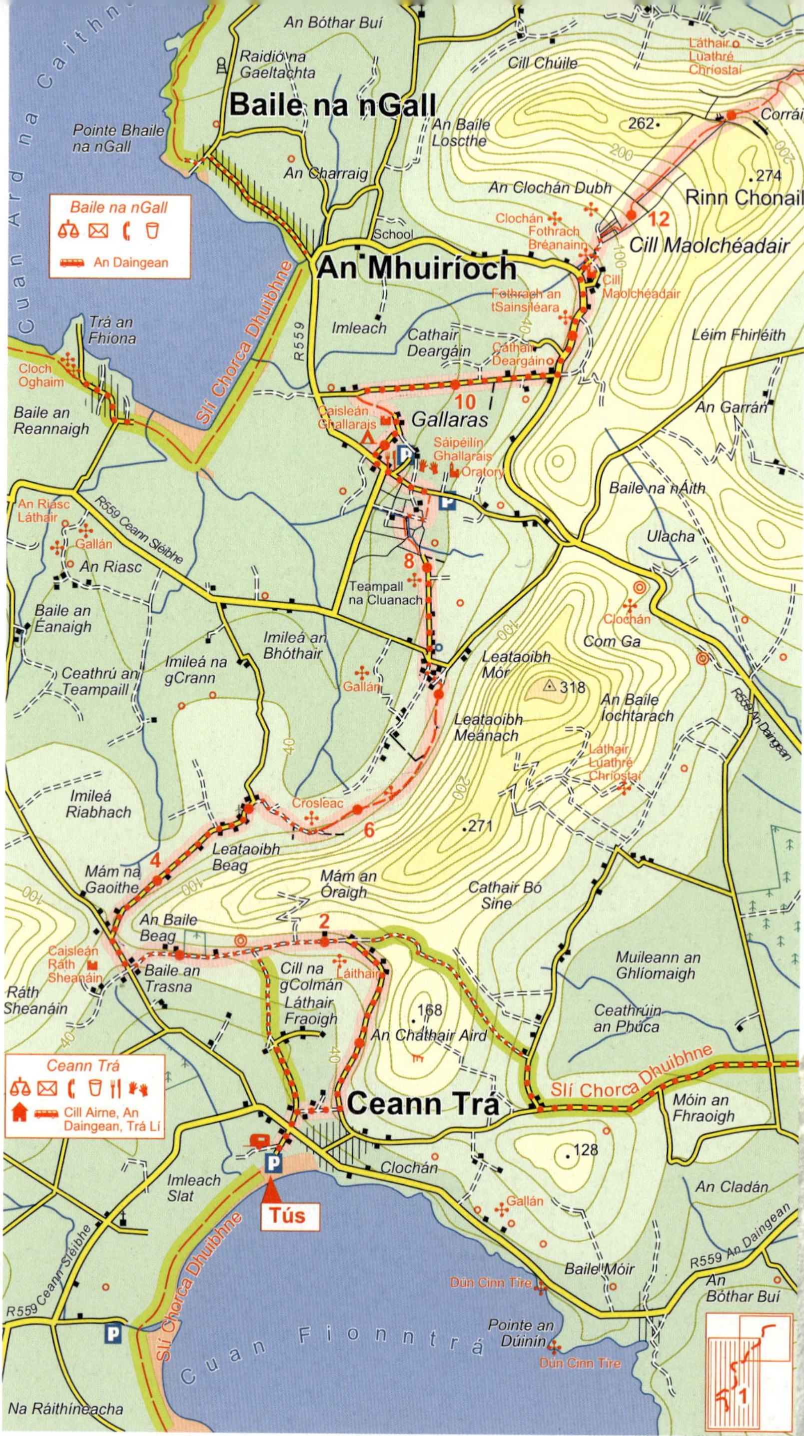

An Bóthar Buí
Raidió na Gaeltachta
Baile na nGall
Cill Chúile
Láthair Luathré Chríostaí
Corráil
An Baile Loscthe
262
200
Pointe Bhaile na nGall
An Charraig
274
An Clochán Dubh
Rinn Chonail
Baile na nGall
An Daingean
Clochán
Fothrach Bréanainn
12
Cill Maolchéadair
School
An Mhuiríoch
Cuan Ard na Caithne
Slí Chorca Dhuibhne
100
Cill Maolchéadair
Fothrach an tSainsiléara
Trá an Fhíona
Imleach
Cathair Deargáin
Léim Fhirléith
R559
40
Cathair Deargáin
Cloch Oghaim
10
Caisleán Ghallarais
Gallaras
An Garrán
Baile an Reannaigh
Sáipéilín Ghallarais
Oratory
Baile na nÁith
An Riasc Láthair
R559 Ceann Sléibhe
Gallán
Ulacha
An Riasc
8
Teampall na Cluanach
Clochán
Baile an Éanaigh
Imileá an Bhóthair
Com Ga
Leataoibh Mór
Ceathrú an Teampaill
Imileá na gCrann
Gallán
318
An Baile Íochtarach
R559 An Daingean
Leataoibh Meánach
Láthair Luathré Chríostaí
Imileá Riabhach
Crosleac
6
271
Leataoibh Beag
4
Mám na Gaoithe
Mám an Óraigh
Cathair Bó Sine
An Baile Beag
2
Caisleán Ráth Sheanáin
Baile an Trasna
Cill na gColmán
Láthair
Muileann an Ghlíomaigh
Ráth Sheanáin
Láthair Fraoigh
168
Ceathrúin an Phúca
An Chathair Aird
Ceann Trá
Cill Airne, An Daingean, Trá Lí
Ceann Trá
Slí Chorca Dhuibhne
Móin an Fhraoigh
128
Clochán
Imleach Slat
An Cladán
Tús
Gallán
R559 Ceann Sléibhe
Slí Chorca Dhuibhne
Baile Móir
R559 An Daingean
Dún Cinn Tíre
An Bóthar Buí
Pointe an Dúinín
Cuan Fionntrá
Dún Cinn Tíre
Na Ráithíneacha
1

II. Téacs gairid a ghabhann le Bealach na Léarscáile

Nóta: Cuireann ceannlitir idir lúibíní i ndiaidh áite nó míre ar leith le fios go bhfaightear plé níos mionsonraithe ar lgh. 17-26.

Tosnaíonn an cosán ag Tráigh Fionntrá (A), trá bhreá a bhuailtear le huiscí Chuan Fionntrá agus gnáthóg mhaith d'éanlaith. Uaidh sin déanann sé a bhealach suas bóthar áitiúil a lúbann timpeall agus a sholáthraíonn radharc siar thar Chuan Fionntrá agus thairis sin go Sceilg Mhichíl i bhfad uaidh. Feadh an bhóthair sin faightear cloch chros-inscríofa sa bhalla ar thaobh na láimhe clé, rud a chuireann gaireacht an ghoirt in iúl atá laistíos den imfhálú cruinn ar a dtugtar Cill na gColmán (B) ina bhfaightear bollán a bhfuil comharthaí dhá chros air agus le hinscríbhinn Oghaim leis an ainm Colmán Oilithreach.

Ag dul siar uaidh sin feadh an chliatháin ó dheas de Leathaoibh Beag tugtar an siúlóir chuig stráice gairid de Bhóthar Fionntrá-Bhaile an Fheirtéaraigh, áit ar féidir túrtheach Ráth Sheanáin (C) a fheiscint trasna an ghoirt. I ndiaidh roinnt céadta slat ó thuaidh feadh an bhóthair, castar ar dheis ar bhóthar beag áitiúil a lúbann mar chamchuairt mhaorga feadh an chliatháin ó thuaidh de Leataoibh Beag (D) agus Leataoibh Mór. Uaidh sin, tá an seanbhealach slogtha i bpáirt agus teorannaithe ag sceacha fiúise agus flora eile inspéise (E). Thairis sin tá radharc breá ar Cheann Sibéal, an Triúr Deirféar, Ceann Bhaile Dháith agus Binn Bhaile Reo, radharc a chuireann i gcuimhne tírdhreach a foirmíodh sa Ré Threasach, 10-20 milliún bliain ó shin. Ag cnoc Leataoibh Mór a ardaíonn ar an taobh ó dheas den chosán tá maoileanna a foirmíodh ag sciorrthaí talún a tharla le leá oighir oighearshrutha 14,000 bliain ó shin.

Tar éis Bóthar an Daingin-Bhaile an Fheirtéaraigh a thrasnú, gabhann Cosán na Naomh gar do Theampall na Cluanach (F), imfhálú cré ársa ina bhfaightear eaglais, séipéilín, botháin agus piléir chros-inscríofa. Nuair is gaire an bealach do Chuan Ard na Caithne leathann machaire ar thaobh na láimhe clé (G), limistéar dumhcha gainmheacha ar ábhar mór spéise é d'éiceolaithe agus éaneolaithe araon. Don gheolaí, léiríonn creaga carraige seanstaiceanna, áit ar ardaigh tóin na farraige 120 méadar tar éis leá an oighir 20,000 éigin bliain ó shin.

Is é an chéad stopadh eile ná Sáipéilín Ghallarais (H) arb iad a bhallaí taoibh fánánacha is cúis lena bheith ar an bhfoirgneamh is cáiliúla agus is tréithí den leithinis, comhartha b'fhéidir de sheanláithreán manachúil le reilig ag gabháil leis i bhfoirm ardáin ardaithe cloch. In aice láimhe tá Caisleán Ghallarais (I), túrtheach ón gcúigiú/séú haois déag. Ag nascadh go gairid ina dhiaidh sin le bóthar mórthráchta an Daingin-na Muirí ar feadh tamaill, gabhann an bealach

Cosán Na Naomh

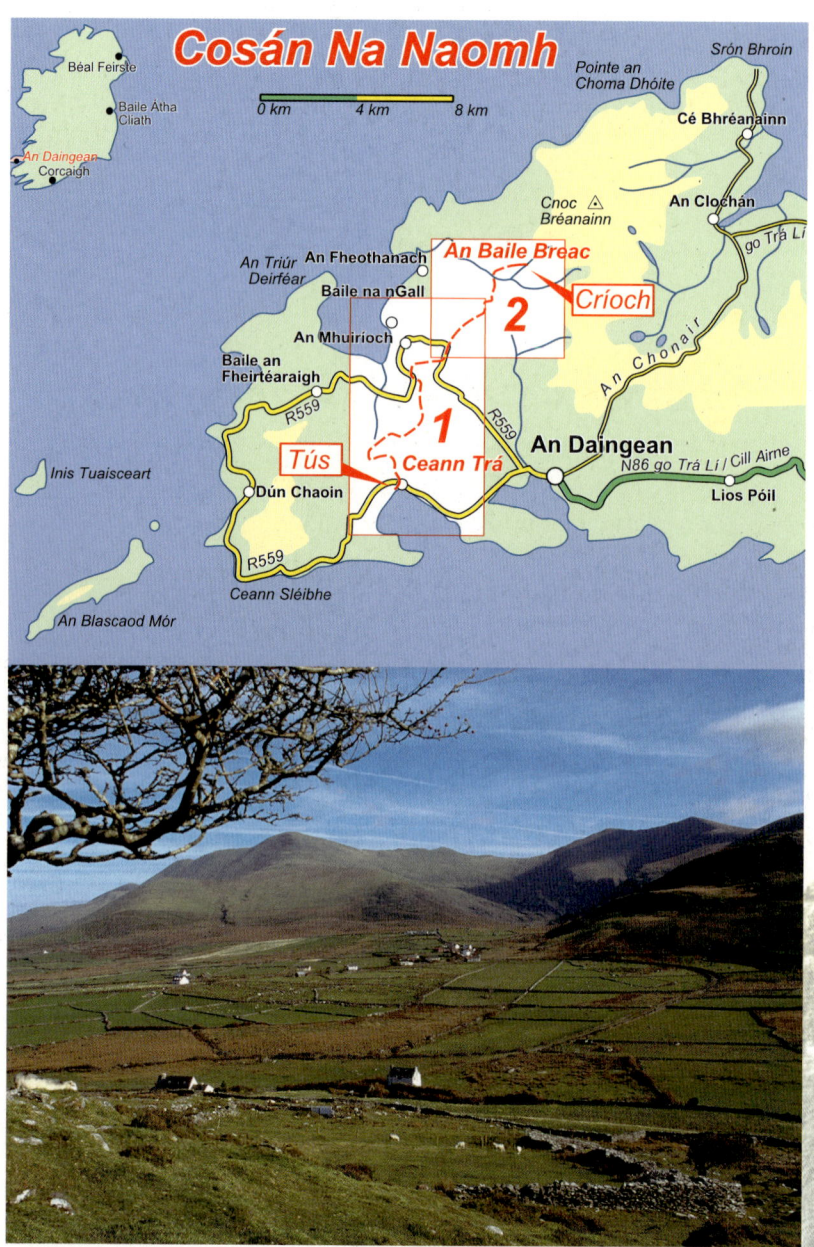

Cnoc Bréanainn ar thaobh na láimhe deise is faide uait, mar a fheictear ó Leataoibh Beag. (*Ted Creedon*)

Eochair do chomharthaí na Léarscáile

Eochair do na Siombail ar an Mapa

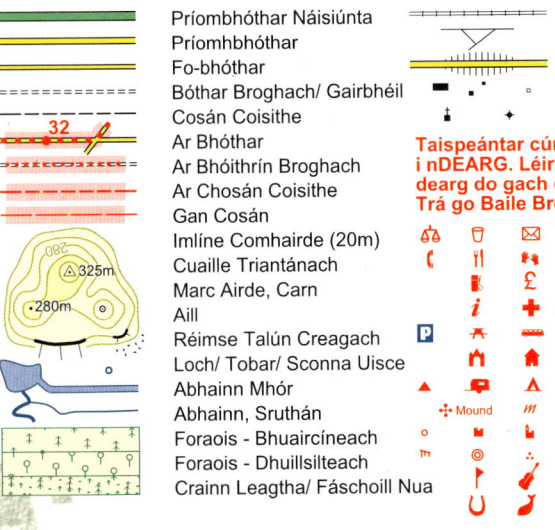

Príomhbhóthar Náisiúnta	Bóthar Iarainn
Príomhbhóthar	Falla/ Claí
Fo-bhóthar	Sráidbhaile/ Tithe
Bóthar Broghach/ Gairbhéil	Foirgneamh, Fothrach
Cosán Coisithe	Séipéal, Cuaille
Ar Bhóthar	
Ar Bhóithrín Broghach	Taispeántar cúrsa Chósan na Naomh i nDEARG. Léirítear faid le spota dearg do gach ciliméadar ó Cheann Trá go Baile Breac.
Ar Chosán Coisithe	
Gan Cosán	
Imlíne Comhairde (20m)	Siopa, Tig Tábhairne, Oifig an Phoist
Cuaille Triantánach	Fón, Caife, Siopa Ceirde
Marc Airde, Carn	Peitreal, Bureau de Change
Aill	Oifig Eolais Turasóireachta, Dochtúir
Réimse Talún Creagach	Páirceáil, Láthair Picnicí, Bus
Loch/ Tobar/ Sconna Uisce	Óstán, Lóistín Leaba & Bricfeasta
Abhainn Mhór	Brú, Ionad Carbhán/ Campála
Abhainn, Sruthán	Láthair Spéisiúil, Músaem
Foraois - Bhuaircíneach	Ráth, Caisleán, Séipéal
Foraois - Dhuillsilteach	Tuama, Tulach, Fulacht Fia
Crainn Leagtha/ Fáschoill Nua	Galf, Ceol Traidisiúnta
	Marcaíocht Chapall, Iascaireacht

Rilíf - 100 go 200 méadar
Rilíf - 200 go 300 méadar
Rilíf - 300 go 400 méadar
Rilíf - 400 go 500 méadar
Rilíf - 500 go 600 méadar
Rilíf - 600 méadar +

Scála an Mhapa 1:50000

0 Km — 1 Km — 2 Km — 3 Km — 4 Km — 5 Km

Aon bhóthar, bóithrín nó cosán atá rianaithe ar an mapa seo, ní léiríonn sé go bhfuil cead slí tríd

scéal a eachtraí a insint agus fuair sé bás ina dhiaidh sin. Níor cuireadh i gCiarraí a pháirte é ach cuireadh i gCluain Fearta i gContae na Gaillimhe é, áit ar tógadh Eaglais le doras álainn Rómhánúil i gcuimhne air.

Tá sé oiriúnach, mar sin, go mbeadh Bréanann, Naomh na Mara, ina phátrún ar an oilithreacht seo mar go bhféadfadh sé gurb é a bhí sa scéal *Navigatio* ná scáthán liteartha den oilithreacht mhara chuig an Leithinis, rud is féidir a athchruthú, cé nach bhfuil doiciméadú eile déanta air, ar bhonn na séadchomharthaí agus na gcosán atá le fáil sa cheantar i gcónaí. Is léir go n-áireofaí sna hoilithrigh luath-Chríostaí ar Chnoc Bréanainn roinnt mhaith daoine ó na ceantair máguaird ar an dá thaobh den chnoc. I bhfianaise ó na hanáidí cánach ar bheinifísí reiligiúnacha sa chúigiú haois déag taispeántar go gcaithfidh go raibh an líon oilithreach mór go maith mar go raibh luacháil cánach Chnoc Bréanainn i bhfad níos airde ná an teorainn i gcomhair díolúine; dhéantaí ioncam do bheinifísí a ardú ó ofrálacha na n-oilithreach. Bheadh oilithrigh eile tar éis taisteal ó áiteanna níos faide soir, ach is é is difriúil faoinár gcosán oilithreachta Cosán na Naomh i gcomparáid le cosáin eile dá leithéid in Éirinn ná gur shiúil na daoine sin a tháinig i dtír ag ceann thiar na Leithinse é, ag teacht i dtír ag ceann den iliomad calaithe féideartha ann sula dtéidís ag triall ar a sprioc ar an mbarr. Ach is é an cosán a rianaítear ar na seanléarscáileanna - agus, go háirithe, sa chéad eagrán de bhileoga 6 orlach na Suirbhéireachta Ordanáis ó na 1840idí - an cosán a leantar anseo, Cosán na Naomh arna thosnú ag Tráigh Fionntrá agus ag tabhairt aghaidhe go timpeallach soir ó thuaidh i dtreo Chnoc Bréanainn. Mar go bhfuil contúirt ar leith ag baint leis an limistéar timpeall ar bharr Chnoc Bréanainn de bharr aillte rite in aice láimhe, agus ina theannta sin de bharr ceobhráin agus scamaill rialta a imchlúdaíonn an bhinn agus a chuireann an dreapadóir dá t(h)reoir, tá an cosán srianta do na codanna is fusa den slí a thagann chun deiridh ag bun an tsléibhe, áit a stopann ár gcosán oilithreachta ag Baile Breac. **Ar do phriacal féin atá sé má bheartaíonn tú dul ar aghaidh as sin go dtí an barr.**

Tráigh Fionntrá (*Ted Creedon*)

sa ré luath mheánaoiseach breis is míle bliain ó shin. I bhfocail eile, is ródhócha gur ghlac an eaglais an oilithreacht Chríostaí ó fhéile creidimh phágánaigh, a dhein feidhmeanna ionaid cruinnithe a chomhcheangal chomh maith, áit a bhféadfadh daoine ó áiteanna i bhfad is i gcéin teacht le chéile uair sa bhliain chun aithne a chur ar a chéile, cleamhnais a dhéanamh, aighnis a réiteach - agus gan dabht le dóthain bia, dí agus cuideachta á déanamh.

Naomh Ciarraíoch i bhí i Naomh Bréanann, ach níor ón gceantar é mar a tharlaíonn. Saolaíodh é gar d'Ard Fhearta, lastuaidh de Thrá Lí, am éigin i ndiaidh an dara leath den chúigiú haois, agus tá Ard-Eaglais mheánaoiseach a tiomnaíodh dó ar marthain fós ag Ard Fhearta, áit a bhí ar na mórionaid dá chultas i gcónaí. Tháinig cáil idirnáisiúnta ar a ainm mar go raibh sé nasctha le ceann de na leabhair taistil is mó i meánaois na hEorpa, an *Navigatio Sancti Brendani (Turas Naomh Bréanann)*, a céadscríobhadh sa Laidin timpeall an naoú haois agus a aistríodh ina dhiaidh sin go dtí an iliomad teangacha Eorpacha. Insíonn sé faoi conas a chuir Naomh Bréanann chun farraige leis an dá dheisceabal déag ar thóir na tíre tairngire, oileán a raibh cloiste aige faoi ó dhíthreabhach ársa a chónaigh amach ó chósta Dhún na nGall. De réir an traidisiúin, chaith sé seal ar Chnoc Bréanainn ag guí go bhfilleadh sé go slán óna thuras. Bád rámhaíochta oscailte ar a dtugtar naomhóg a bheadh sa bhád a d'úsáid sé, ar nós na mbád sin a úsáidtear le haghaidh spóirt, spraoi agus iascaireachta feadh chósta iarthair na hÉireann sa lá atá inniu ann, leis an difear go n-úsáidtí seithí ainmhí an uair sin mar chumhdach don bhád in áit an chanbháis nua-aimseartha a úsáidtear anois a tharráiltear laistigh agus lasmuigh araon.

Ag tosnú ó dheireadh Leithinis Chorca Dhuibhne, thug Naomh Bréanann agus a chriú a n-aghaidh ó thuaidh, ag dul thar Oileáin Árann i gCuan na Gaillimhe, agus lean orthu ó thuaidh feadh chósta iarthair na hAlban, áit ar fágadh eaglaisí a ainmníodh as le leathadh a chultais, ina n-áirítear eaglais ar Hiort, an t-oileán is forimeallaí de chuid Inse Ghall. Sa *Navigatio* ní shonraítear na hoileáin ar tháinig sé orthu ina dhiaidh sin de réir na n-ainmneacha atá againn orthu sa lá atá inniu ann, is é a thugtar orthu ina áit sin ná teidil mar Pharthas na nÉan, Oileán na gCaorach, Oileán na nGaibhne, an Piléar Criostail agus Oileán na bhFíonchaor. Uathu sin is féidir linn an turas a shamhlú bealach Inse Orc agus Sealtainne chuig na Scigirí, ar aghaidh go dtí an Íoslainn, áit a gcaitheann gabha smeachóidí óna cheárta - laibhe bholcánach gan dabht - leis an mbád, ar aghaidh ansin go dtí an Ghraonlainn (lena cnoic oighir 'criostail') agus go dtí cósta Mheiriceá Thuaidh is dócha (ar thug na Lochlannaigh an Fhíonlainn, nó Tír na Fíniúna, air ina dhiaidh sin). I ndiaidh seacht mbliana, aimsíonn Naomh Bréanann a Thír Tairngire ar deireadh. Deirtear leis ann sin an méid is féidir leis a thabhairt leis ar ais go dtí a thír féin, agus go raibh lá deiridh a oilithreachta ag teacht. D'fhill sé go slán chun

I. Cúltra Stairiúil

Is teideal iontach agus suaithinseach é Cosán na Naomh do cheann de na seanbhóithre oilithreachta is tarraingtí agus is áille in Éirinn. Tá sé suite ag deireadh Leithinis Chorca Dhuibhne i gContae Chiarraí, an ceann is faide de na cúig mhéar a ghobann amach go misniúil san Aigéan Atlantach ar chósta thiar theas na hÉireann. Tá an Cosán seo atá 18 ciliméadar ar fhaid (aon mhíle déag) oiriúnach do gach éinne, fiú an té ná siúlann go minic. Cnoc amháin atá fan na slí, don gcuid eile sníonn sé a shlí suas agus anuas tríd an radharc tíre don chuid eile den tslí. Sníonn sé a bhealach suas anuas tríd an radharc tíre mórthaibhseach a ofrálann radharc leanúnach ar an bhfarraige agus ar shléibhte araon. Go traidisiúnta, bhí ceann de phointí tosaigh Chosán na Naomh ag Tráigh Fionntrá agus tháinig sé chun deiridh ag barr Chnoc Bréanainn, ach tagann ár mbealach chun deiridh ag an bhFochla ag bun an chnoic sin.

Tá daoine ag siúl an chosáin seo leis na céadta bliain. Ní raibh gá lena chanónú foirmiúil mar 'Naomh' in Éirinn anallód, agus ceadaítear na Naoimh a thug a n-ainm don bhealach a shamhlú mar na mílte daoine naofa anaithnide - idir thuataigh agus chléirigh - a bheadh tar éis an bealach a shiúl mar oilithrigh chráifeacha thar na haoiseanna.

Tá naomh ar leith amháin ann, áfach, a bhfuil a ainm nasctha leis an mbóthar, is é sin Bréanann, an Loingseoir cáiliúil, a mhair sa chúigiú/séú haois A.D. Ach is cinnte go dtéann bunús an bhóthair siar i bhfad níos sia ná sin, agus go gcailltear an bunús sin sa ré réamhstairiúil. Dhein Máire Mac Néill, údar an leabhair *The Festival of Lughnasa*, a áiteamh gurbh é a bhí i sprioc deiridh an oilithrigh Chríostaí feadh an chosáin seo i gCiarraí - airde Chnoc Bréanainn de 970 méadar (3,127 dtroigh) - ná ionad cruinnithe bliantúil sa ré réamh-Chríostaí ina dtionóltaí féile in onóir do Lug, dea-dhia na gCeilteach págánach, ar an Domhnach deiridh de mhí Iúil. Is é sin chomh maith ceann de na trí dháta fhéideartha ar a ndéantaí an oilithreacht Chríostaí feadh Chosán na Naomh

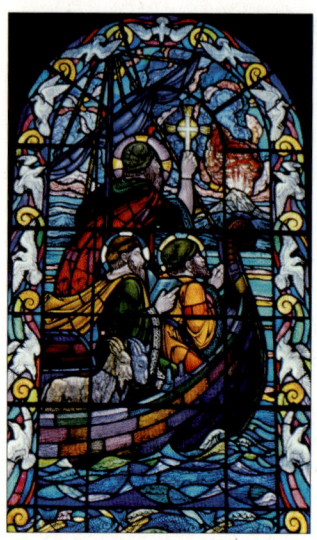

Naomh Bréanainn Rekjevik, In Íoslainn *(P.Harbison)*

Tionscadal na gCosán Oilithreachta

Bhunaigh an Chomhairle Oidhreachta tionscadal na gCosán Oilithreachta i 1997. Is é cuspóir an cheachta sin líonra bealaí siúil feadh na gCosán Oilithreachta meánaoiseacha a fhorbairt, agus tacú leo, i gcomhar le pobail áitiúla. Is í aidhm an cheachta feasacht a ardú ar na gnéithe difriúla den oidhreacht fhoirgníochta agus nádúrtha araon, a dtagtar orthu feadh na mbealaí fad a chuirtear le turasóireacht inbhuanaithe agus forbairt pobail i ngach ceantar áitiúil.

Sna bealaí a áirítear sa tionscadal tá:

1. **Cosán na Naomh** - ar Leithinis Chorca Dhuibhne, Co. Chiarraí

2. **Slí Naomh Caoimhín** - ó Chillín Chaoimhín go Gleann Dá Loch, Co. Chill Mhantáin

3. **Loch Dearg** - bealach go dtí an cladach os comhair Oileán na Naomh, Co. Dhún na nGall

4. **Slí Mhór** - Béal Átha Chomair/Liath Mancháin go Cluain Mhic Nóis, Co. Uíbh Fháilí

5. **Slí Naomh Déaglán** - ó Lios Mór go hAird Mhór

Aithníonn an Chomhairle Oidhreachta go buíoch obair choistí na mbealaí áitiúla a bhfuil a ndíograis don tionscadal fíorthábhacht dá rathúlacht.

Is iad Treoir-Scéim Turasóireachta agus Comhshaoil 1999 (Bord Fáilte Éireann) agus Coiste Náisiúnta na Mílaoise a thacaigh leis an tionscadal seo.

UIMHREACHA TEILEAFÓIN AGUS SEOLTAÍ ÚSÁIDEACHA

SEIRBHÍS ÉIGEANDÁLA – Fón: 999 nó 122

Tarrtháil Cósta, Sléibhe agus Pluaise; Dóiteán, Gardaí, Otharcharr, Bád Tarrthála

OIFIG TURASÓIREACHTA AN DAINGIN –

Le haghaidh eolas ar chóiríocht lóistín + bricfeasta
www.corkkerry.ie

Fón: 066 9151188
Facs: 066 9151188

IARNRÓD ÉIREANN –

(eolas do phaisinéirí iarnróid)

Fón: 066 7123522
www.irishrail.ie

BUS ÉIREANN –

(eolas do phaisinéirí)

Fón: 066 7123566
www.buseireann.ie

COMHARCHUMANN TACSAITHE AN DAINGIN –

Fón: 066 915 1000

IONAD LEIGHIS AN DAINGIN –

(dochtúirí áitiúla)

Fón: 066 915 2225

STÁISIÚN GARDAÍ AN DAINGIN –

Fón: 066 915 1522

- Tabhair aire ar leith agus tú ar bhóithre tuaithe.
- Seachain aon torann gan ghá a dhéanamh.
- Cosain fiadhúlra, plandaí agus crainn.
- Tabhair comharthaí rabhaidh do d'aire - tá siad ann chun tú a chosaint.
- Má tá tú ag leanúint bealach siúil aitheanta cloígh leis an gconair comharthaí.
- Tuairisc aon damáiste a dhéantar mar thoradh ar do ghníomhartha leis an bhfeirmeoir nó leis an úinéir talún láithreach.
- Ná blocáil bealaí isteach chuig feirmeacha agus tú ag páirceáil.

Más ball de chlub spóirt nó caithimh aimsire tú, cinntigh go bhfuil clúdach árachais dóthanach agat chun tú féin agus an t-úinéir maoine a chosaint.

Arna athfhoilsiú le caoinchead Fheirmeoirí Aontaithe na hÉireann

NÁ TUGTAR MADRAÍ ar aon chuid den Chosán a thrasnaíonn talamh feirme. Trasnaíonn an Cosán páirceanna atá ar iníor ag eallach agus caoirigh, agus is ródhóichí go ndéanfar aon mhadra a fheictear ag rith i ndiaidh ainmhithe clóis a lámhach.

Tá an Cosán seo ceaptha le haghaidh oilithreach de chois. Cé go bhfuil roinnt rann ar bhóithre nó roinnt bóithre uaine oiriúnach, tá ranna ar chosáin agus ach go háirithe thar bhogach mí-oiriúnach ar fad le haghaidh capall nó rothar sléibhe, mar go gcruthaíonn siad criathraigh fhliucha, bogaigh, láibe go pras, rud atá an-mhíthaitneamhach dóibh sin go léir a thagann ina ndiaidh.

Ná siúltar an Cosán i ngrúpaí móra. Cruthaíonn grúpaí dá leithéidí fadhbanna creimthe agus cuireann siad isteach ar áititheoirí na talún a mbraithimid ar a ndea-thoil. Ina theannta sin, cruthaíonn siad fadhbanna ag dreapa nó ag scrogaill eile, ag fágáil geataí ar oscailt agus ag damáistiú fálta.

5 Séanadh

Go bhfios dúinn tá an fhaisnéis sa treoir léarscáile seo cruinn ag tráth a fhoilsithe, ach d'fhéadfadh sé go mbeadh athruithe ann i slí an Chosáin, rud a bheidh soiléir de ghnáth ó na comharthaí.

Ní ghlacann an t-údar, an cairteoir agus an foilsitheoir aon fhreagracht d'aon chineál as caillteanas, damáiste, nó míchaoithiúlacht a bhaineann d'aon duine mar thoradh ar an Treoir Léarscáile seo a úsáid, ná as aon mhíchruinneas a d'fhéadfadh a bheith inti.

ach tá bróga láidre riachtanach le haghaidh compoird ar chosáin láibe nó gharbha. Sa chás neamhdhealraitheach go mbaineann timpiste duit a dteastaíonn cúnamh seachtrach dó, is í an uimhir éigeandála ná 999. Tugtar do d'aire go bhfuil tú freagrach as do shábháilteacht féin agus tú ag siúl an Chosáin.

4 Cead Slí

Ní Ceart Slí é an Cosán seo taobh amuigh de na codanna ar bhóithre poiblí. Amach ón mbóthar trasnaíonn an Cosán maoin phríobháideach le caoinchead an úinéara a fhéadfaidh cead a aistarraingt má chruthaíonn úsáideoirí an Chosáin deacrachtaí dá chuid feirmeoireachta nó d'obair eile.

Mar sin, léirítear meas ar fhlaithiúlacht an úinéara trí na réamhchúraim seo a leanas a urramú:

AN CÓD IOMPAIR AR THALAMH FEIRME

Is é atá i dtalamh feirme ná maoin phríobháideach agus ní fhaightear cead slí tríthi ach le dea-thoil agus foighne na bhfeirmeoirí.

Is timpeallacht oibre í talamh feirme agus is ar a p(h)riacal féin a iontrálann gach duine uirthi. Faoin Acht um Dhliteanas Áititheoirí, 1995, tá oibleagáid ar iontrálaithe gach beart is gá a dhéanamh chun a sábháilteacht féin a chinntiú.

Tá iontrálaithe freagrach chomh maith as aon damáiste a dhéantar ar mhaoin phríobháideach, ar bheostoc agus ar bharra mar thoradh ar a ngníomhartha. Má tá tú ag trasnú talamh feirme, cinntigh nach mbíonn tú rófheiceálach agus nach gcuireann tú isteach ar ghníomhartha feirmeoireachta.

- Léirigh meas ar thalamh feirme agus ar an timpeallacht tuaithe.
- Ná bain do bheostoc, barra, innealra nó aon mhaoin eile.
- Seachain aon bhaol dóiteáin ach go háirithe gar d'fhoraoisí.
- Fág gach geata feirme mar a fuair tú é.
- Coinnigh súil ghéar agus déan maoirseacht dhlúth ar pháistí i gcónaí.
- Seachain aon iontráil ar thalamh feirme ina bhfaightear beostoc. Féadfaidh do láithreacht strus a chothú do bheostoc agus do shábháilteacht a chur i mbaol fiú.
- Ná hiontráil ar thalamh feirme má tá madraí leat, go fiú ar iall, mura bhfaightear cead ón úinéir talún.
- Bain úsáid as geataí, dreapa, nó aon phointí rochtana aitheanta eile agus seachain aon damáiste a dhéanamh ar fhálta agus ar bhallaí.
- Tabhair do chuid bruscair go léir abhaile leat.

1. Tuairisc Ghairid ar an gCosán

1 **Treoir na Léarscáile a Úsáid**

Tá an téacs agus na léarscáileanna sa treoir seo ceaptha le haghaidh siúlóra/oilithrigh a thosaíonn amach ó Thráigh Fionntrá agus a chríochnaíonn ag Cnoc Bréannain.

Is é scála na léarscáile 1:50,000 (is é sin, 5mm sa chiliméadar/km). Tá gach léarscáil treoshuite ó thuaidh.

Láimh le gach léarscáil faightear tuairisc ghairid ar an roinn den Chosán a thaispeántar ar an léarscáil. Le húsáid agus tú ag siúl molaimid go bhfilleann tú an treoir ag an leathanach cuí agus go gcuireann tú sa tiachóg phlaisteach a chaomhnóidh ar an aimsir é.

De dhroim riachtanais, ní thaispeánann na léarscáileanna sa treoir ach roinn theoranta den dúiche feadh líne na gCosán. Molaimid go dtugann tú leat léarscáileanna Shraith Eolais na Suirbhéireachta Ordanáis 1:50,000 a thabharfaidh léargas níos iomláine duit den dúiche. Is é an bileog bainteach ná 70.

2 **Na Cosáin a leanúint**

Tá comharthaí slí le fáil feadh na slí i bhfoirm comharthaí plaisteacha dubha athchúrsáilte, inaitheanta leis an tSiombail Oilithreachta bhuí, le saigheada a léiríonn an treo atá le glacadh (tá na saigheada sin oiriúnach pé treo ina bhfuil an t-oilithreach ag siúl).

Nuair a théann an Cosán ar bhóthar poiblí nó nuair a fhágann sé ceann feictear méarchuaille donn le hainm an Chosáin agus an tSiombail Oilithreachta air. Ag an tús agus ag an deireadh (agus ag sráidbhailte feadh na slí) tá cláir léarscáile a thaispeánann an cosán ina iomláine.

3 **Sábháilteacht**

Leanann an Cosán seo bóithre ciúine nó rianta/cosáin tuaithe agus is beag ábhar contúirte a fhaightear orthu. Is ceart d'oilithrigh smaoineamh, áfach, go bhfuil aimsir na hÉireann an-sóinseálach agus go bhféadfadh sé a bheith an-deacair déileáil le mionghortú géige nó coise nach dtarlaíonn ach cúpla ciliméadar ó bhóthar poiblí. Mar sin, cinntigh go gcaitheann tú nó go n-iompraíonn tú leat éadaí teolaí agus feisteas síondíonach. Níl gá le buataisí siúil,

CLÁR

Tuairisc Ghairid ar an gCosán	4
Uimhreacha teileafóin agus seoltaí úsáideacha	7
Tionscadal na gCosán Oilithreachta	8
Cúltra Stairiúil	9
Eochair do chomharthaí na léarscáile	12
Téacs Gairid a Ghabhann le Slí na Léarscáile	14
Nótaí Mionsonraithe faoi Áiteanna a dTugtar cuairt orthu nó Nithe a fheictear ar an gCosán	17
Bibleagrafaíocht	28
Buíochas	29

© An Chomhairle Oidhreachta / The Heritage Council 2002

Gach ceart ar cosnamh.

Ní ceadmhach aon chuid den leabhar seo
a phriontáil ná a atáirgeadh ná a úsáid
ar aon mhodh leictreonach, meicniúil nó eile,
atá ar eolas anois nó a cheapfar ina dhiaidh seo,
ina n-áirítear fótachóipeáil nó cóipeáil shrianta
faoi cheadúnas in Éirinn arna eisiúint ag
Gníomhaireacht Ceadúnaithe Cóipchirt
na hÉireann Teoranta, Áras na Scríbhneoirí,
19 Cearnóg Parnell, Baile Átha Cliath 1.

Arna fhoilsiú ag an gComhairle Oidhreachta.

Aithnítear le buíochas cúnamh Choiste Náisiúnta na Mílaoise.

Téacs le Peter Harbison agus Joss Lynam.

Grianghraif le Richard Mills agus Ted Creedon.

Atáirgeadh sceitseanna G.V. Du Noyer
le caoinchead Acadamh Ríoga na hÉireann.

Léarscáileanna le Barry Dalby, East-West Mapping.

Deartha agus Táirgthe ag
B. Magee Design

ISSN 1393 – 68 08

Sraith Chomhairle Oidhreachta na hÉireann.

ISBN 1 9011 37 309

Praghas: €7.50

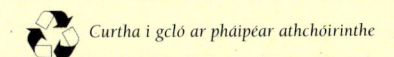

Curtha i gcló ar pháipéar athchóirinthe

Cosáin Oilithreachta Meánaoise na hÉireann Vimh. 1

Cosán na Naomh,
Corca Dhuibhne,
Co. Chiarraí.

Peter Harbison agus Joss Lynam

Tá an tsiombail seo tógtha ó chloch i mBaile Bhuirne i gContae Chorcaí.

AN CHOMHAIRLE OIDHREACHTA — THE HERITAGE COUNCIL

2002